JN437722

우리 삶에 빛나던 날을 기억합니다

갓골어린이집과 함께 자란 시간들

우리 삶에 빛나던 날을 기억합니다

최루미 지음

| 추천사 |

20대 중반의 한 여자가 새벽녘 몰래 집을 빠져나와 영등포역에서 기차에 올랐다. 그녀가 내린 곳은 홍성역이었다. 그녀는 지체 없이 홍동에 들어가 짐을 풀었다. 그리고 30년 가까운 시간이 흘렀다. 여자는 그 시간동안 어디에서 무엇을 했을까? 주변 사람들도 궁금했고 여자도 궁금했다. 여자는 어느 날 찬찬한 기록자가 되기로 결심했다. 이 책에는 여자의 열정, 좌절과 성취, 기쁨과 슬픔이 30년의 역사로 들어 있다. 한때가 아니라 긴 시간 반복되며 지속되었고, 혼자만의 스토리가 아니라 함께했던 동료들이 함께 경작한 이야기 역사로 진화하면서, 여자는 자신의 고유한 모습과 여성의 보편적 모습을 함께 품은 것 같다.

보노보는 침팬지와 함께 인간과 가장 가까운 영장류이다. 보노보 암컷은 가임기가 되는 날 새벽 자신이 자란 무리를 떠난다. 그리고 몇 날 며칠 이리저리 돌아다니면서 새로운 무리를 찾는다. 보노보 무리는 이렇게 각지에서 모인 암컷들이 만든 암컷 중심의 사회이다. 보노보는 평화를 사랑하는 동물이다. 성, 먹이 같은 갈등요인이 생기면 보노보는 권력으로 위계질서를 세워 해결하기보다는 서로가 평등한 관계를 만드는 공동체 질서를 작동시켜서 갈등을 관리한다.

이 책은 보노보 암컷의 삶과 인간 여성의 삶이 상당히 닮아있다는 점을 알려준다.

누군가 삶을 돌아보며 역사를 쓴다는 것은 자신이 온 곳으로 돌아가는 작업이고, 아직 묻지 않은 물음을 찾는 작업이다. 개인적인 것이 정치적인 것이라고 한다. 한 개인이 자기 삶의 찬찬한 기록자가 된다는 것의 사회적 의미는 평화로 향하는 정치적 동물이 된다는 것은 아닐까. 이 책은 이런 물음을 던져준다.

이영남(한신대 한국사학과 교수, 임상역사가)

| 프롤로그 |

삶의 골목마다 '질문과 대답' 혹은 '질문에 대한 대답을 찾는 여정'의 작은 가게들이 있다. 누군가는 이 가게에 들어가기도, 누군가는 망설이기도 또 누군가는 그냥 지나치기도 한다. 지나온 내 삶의 골목들을 떠올리면 나는 '내가 누구인가?'라는 가게와 '교사란 무엇인가?'라는 가게의 문을 열었던 듯하다. 첫 번째 가게에 대한 이야기는 한참 뒤에나 할 수 있을 것 같고, 두 번째 가게에서 찾던 것들을 이야기하고자 한다.

| 차례 |

우리 삶에 빛나던 날을 기억합니다

사계절과 아이들

사람들과 함께

문화동어린이집 이야기

[인터뷰]

•

우리 삶에 빛나던
날을 기억합니다

•

●●

우리 삶에 빛나던 날을

몇 년 전 이영숙, 조진숙 선생님과 한벗회 백진앙 선생님을 홍동으로 초대했다. 둘러앉아 이런저런 근황들을 이야기했지만, 우리들은 '갓골어린이집'으로 만났던 사람들이라, 결국 갓골어린이집과 관련된 이야기를 나누며 밤을 지샜다. 무슨 생각에서였는지 '우리 삶에 빛나던 날을 기억합니다'란 현수막도 준비했다, 그때 백 선생님께서 "내가 궁금한 게 있었어. 그런데 최 선생은 왜 홍동에 온 거야?" 30년 동안 묻어 두었던 질문을 하셨다. "두려워서죠." 곰곰이 되짚어볼 겨를도 없이 곧바로 나온 대답에 일순 자리가 썰렁해졌다. 민족중흥에 역사적 사명까지는 아니더라도, 좀 번듯한 이유도 있었을 텐데, 불쑥 나온 대답이 '두려움'이라는 인간행동을 규정하는 심리적 근원이었다. 겨를 없는 답변이라고는 해도, 틀린 답변은 아니었다. 그때 '두려움'에 대한 이야기를 좀 더 주고받았으면 좋았을 텐데, 아직 때가 아니었는지 그냥 흐지부지 지나가 버렸다. 그리고 2017년, 난 그때의 질문과 다시 마주하였다.

'그런데 최 선생은 왜 홍동에 온 거야?'

1986년 대학 졸업을 앞두고 홍동행을 결정한 이후로 줄곧 내 생에 갓골어린이집 선생님 말고 다른 어린이집 선생님이 될 일은 없을 줄 알았다. 아예 다른 일을 하면 모를까, 같은 어린이집 일을 하면서 다른 어린이집 선생님이 된다는 것은 전혀 생각해보지 못한 일이었다. 그런데 2008년 2월 말 홍동에 온 지 22년 만에 갓골어린이집을 퇴직했다. 사람이 한 치 앞도 못 본다는 말은 바로 '나'를 두고 한 말인 듯싶다. 마침 신설 국공립어린이집 위탁 공고가 나서 지원을 하였고, 심사에 통과되어 퇴직 후 새로운 어린이집에 자리를 잡게 되었다. 리모델링 등 개원 준비 후 문을 연 어린이집은 국공립 시설이고 아파트 단지 내에 있다는 장점에 내 이름 석 자가 곁들여져, 일부러 찾아오는 어린이집이 될 수 있었다. 2007년 갓골어린이집에서의 마지막 해, 만 2세반 보육교사로 있을 때 학부모 한 분은 그만두게 되었다는 인사를 했을 때 "제가 만난 최고의 선생님"이란 편지를 보내왔고, 또 다른 학부모는 "루미 씨 있는 동안 우리 아이를 보낼 수 있어서 다행이라 생각해."라며 갓골어린이집을 나서는 나를 토닥여주었다. 그때 두 명만 이런 생각을 하지는 않았나보다. '갓골어린이집에서 그리 했던 최루미'는 이후 새로운 터전을 일구는 데 큰 힘이 되었고, 지금도 늘 후광처럼 남아 있다.

그렇게 다시 시작했던 어린이집 생활을 정리하고 2017년 3월 17일, 드디어 백수가 되었다. 2014년 재위탁을 받을 때부터 한곳에서 10

갓골어린이집 개원식. 1981.

년 이상은 하지 말아야겠다는 결의를 결국 실천한 셈이다. 2008년 3월 17일 어린이집 위탁을 받은 지 9년 만이다. "왜? 그만두세요?" "뭐 하시려구요?" "에이, 다른 거 더 좋은 거 하려고 그러시죠?" 막연히 이대로 아무것도 안 하는 것은 아니지만, 딱히 뭔가를 해야겠다는 작정은 없다. 그냥 여기를 그만둔다는 것밖에 다른 생각은 별로 없다.

술 한잔을 하고 들어온 신랑이 "당신이 작년 12월쯤 어린이집을 그만둔다고 하면서, 아이들을 위해 보다 큰 그림을 그리고 싶다고 했어. 멋있다고 생각했지. 박수를 쳤지. 물론 경제적인 어려움도 있겠지만, 그런 결단을 한다는 게 얼마나 멋져?" 그때 내가 퇴직을 하려고 그럴듯한 말로 설득한 모양이다. 글쎄 내가 큰 그림을 그린다고 했나? 내가 그리려는 큰 그림은 무엇이지?

나름 통과의례가 필요했다. 꿈은 산티아고를 향했지만, 가족의 식사를 책임져야 하는 상황과 아무런 준비도 되지 않은 상황에 이 또한 마음이 허할 때 나타나는 신기루임을 느끼고, 그냥 허한 마음을 받아들였다.

아무것도 안 하고 멈추면 비로소 보이겠지 하며, 하늘에서 혹은 내 안에서 소리가 들려오기를 기다린다고 마음먹었는데, 한 달이 채 지나기도 전에, 벌써 뭔가를 생각하고 그것을 하려 한다. 마치 예정된 시간이라는 듯이…….

준비 없이 무모한 트리플 악셀을 하려 했던, 그래서 여기저기 상흔이 남았지만 진정한 '어른'이 된 시간이 내겐 있었다. 돌아보면 헛웃음도 나오고 부끄럽기도 하지만, 아직도 내 가치를 가늠하는 말은 '갓골어린이집 최루미 선생님'임을 부인할 수 없다. 삶에 여백이 생겨서일까? 내 삶에 둥둥 떠다니던 '두려움'과 함께 '빛나던 시간들'이 기억의 서랍을 열고 나오려 한다. 나이가 더 들기 전에 서랍을 정리하고, 그 시간들을 함께 지나온 '우리'들의 땀도 닦아주고 싶다. 그 시절 아름다운 일화들을 기록하는 것도 뭔가 해야 할 일 중의 하나일 터이다.

1986년. 내가 홍동에 왔을 때 이미 갓골어린이집은 다른 곳에서도 견학을 올 정도로 기본을 갖춘 어린이집이었다. 그러니 나는 어느 정도 차려진 밥상을 받은 셈이다. 1980년에 건축을 하고, 1981년 개원을 이끌며 기초를 다진 선생님들은 얼마나 어려우셨을까? 어린이집과 보육이란 말을 국가보다 10년 먼저 사용한 갓골어린이집 '교사를 만나자.' 난 첫발을 내디뎠다.

처음이라 설레고도 어려운

주민자 • 81년 개원, 초대 교사

선생님은 몇 장의 사진과 리공주라는 아이가 1982년 1월에 보내온 새해 엽서를 준비해 놓고 계셨다.

선생님은 개원 후 1년을 마무리하고 올라가셨다고 하니, 갓골어린이집은 80년도 말부터 81년 초까지 건축을 해서 81년 4월경에 개원을 한 듯하다.

개원식 사진엔 어린이집이 꽉 차게 동네 어른들이 많이 오셨고, 아이들과 주전자를 들고 풀무목장으로 우유를 받으러 가는 사진도 있다.

사진 속 아이들을 보니 내가 아는 규일이, 승표, 대혁이도 있다. 우유를 받으러 가는 사진에 선생님이 한 아이를 품에 안고 있다. "참 이상하지, 이 아이는 10살 무렵 교통사고로 저 세상 갔다네요. 내가 그리 꼭 안고 있네…."

풀무 중 · 고등부를 졸업하고 검정고시(당시 풀무학교는 비인가였다. 학력을 인정받으려면 중 · 고등 검정고시를 봐야했다.)로 야간 신학교 유아교육과를 다니며, 낮에는 교회 부설 새마을 유아원에서 보조교사로 계셨단다. 공부를 더 하고 싶어 방송통신대학교 유아교육과에 넣을 서류가 필요해서 풀무학교에 서류를 받으러 왔다가, 홍순명 선생님으로부터 마침 건축 중이던 갓골어린이집 교사가 돼달라는 권유를 받아 오게 되었다고 한

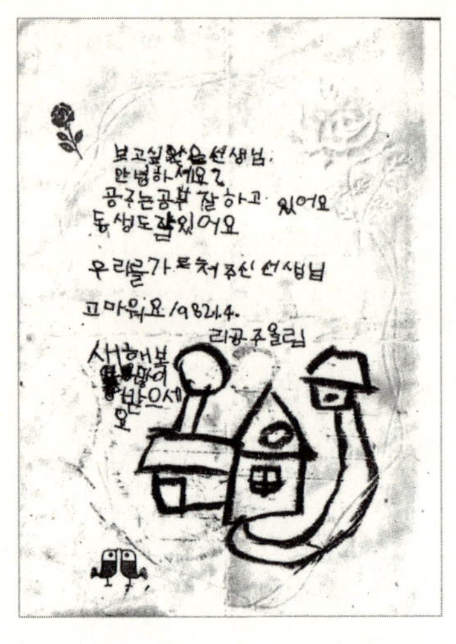

1회 졸업생 리공주가 주민자 선생님한테 보낸 카드.

다.

웬만큼 갖춰진 줄 알고 온 갓골어린이집은 겨우 교실만 달랑 지어진 상태였다. 페인트칠이며, 유리 끼우기도 직접 하고, 홍선생님이 가져다 주신 중국단풍을 함께 모임 하던 친구들과 마당에 심고 환경정리를 하여 개원을 하셨다고 한다. 민주화운동 관련 수배중인 남편과 함께 홍동에 잠깐 머물던 분이 보조선생님으로 계시긴 했는데, 교육에 관심은 있으셨지만 여러 사정으로 어린이집 생활에 전념하지 못하셨고, 훌쩍 홍동을 떠나게 되어 거의 혼자 하셨다고 한다. 당시에는 자모회도, 이사회도 없었고, 선생님 혼자서 아이들을 돌보고 간식도 만들어야 하는 상황이라 일상적인 돌봄 외에 소풍, 재롱잔치 등의 행사는 할 수 없었다고 한다.

당시의 보육료는 3,000원 정도. 요즘에야 생태교육에 관심이 많지만, 그때만 해도 농촌에 어린이집이 생겼다니 아이들이 뭔가 배워오겠지 하는 기대가 많아 '어린이집에서도 흙놀이만 하느냐'는 학부모의 원망을 들었다고 한다. 아이들은 아이들대로 간식을 기다리다가 좋아하지 않는 간식이 나오면 어느새 인사도 없이 집으로 가버리곤 했다는 말씀도 하셨다.

하루는 간식을 만드느라 조리실에 있다가 나오니 아이들이 하나도 없더란다. 깜짝 놀라 밖으로 나갔더니, 호밀밭이 출렁이더니 한 놈 두 놈 보였단다. 아이들이 어린이집 근처 풀무목장(풀무학교에서 운영하는 목장으로 학생들 실습도 하고 재정에 보탬도 되었다.)에서 소를 먹이려고 심은 호밀밭에 들어가 이리저리 신나게 숨바꼭질을 해서 선생님도 '에라 모르겠다. 호밀을 심은 분께 양해를 구하자.'고 하며 신나게 놀았다고 한다. 나중에 풀무목장 담당선생님께서 '실컷 놀아도 된다.'는 이야기를 해주셔서 호밀밭은 아이들의 신나는 놀이터가 되었고, 정말 실컷 놀았다고 하신다.

무엇을 하든 최선을 다하는 선생님은 아이들에게 더 잘해주지 못해서 미안하다고 하시며, 한 해를 마치고 공부를 하기 위해 다시 올라가셨다고 했다.

선생님을 돌아서게 한 이유는 또 있었다. 군부독재가 기승을 부리던 때, 선생님과 친하게 지내던 선배가 부마항쟁에 연루되어 연행되는 일이 일어났다(부마항쟁 – 1979년 10월 16일부터 20일까지 경남 부산과 마산 지역에서 일어난 반정부 항쟁 사건. 사건이 나고 1주일도 안 되어 10 · 26사건이 발발하였고, 유신체제도 종언을 고했다.). 당시는 몇 명이 모이기만 해도, 혹은 대학생이라는 이유로, 책을 함께 읽는다는 이유로도 연행이 되던 시기였다. 이 일을 계기로 함께 모였던 사람들 모두 요주의 인물이 되어 향후 몇 년 동안 감시를 당했다고 한다. 심지어 선생님이 근무하는 유치원에까지 사복형사가 찾아왔었다고 한다.

불행한 시대의 표상이라고 할까? 감시하고 의심하고 낙인찍고. 선생님은 이러한 시대의 무게까지 감당할 수 없었다고 한다. 한편으로는 우리를 성장케 한 시대였지만, 또 한편으로는 모두를 숨죽이게 한 시대였다.

나와 함께 36년 전을 되돌아보며 좀 더 잘 하지 못해 미안하다고 몇 번을 되뇌이신다. 자기반성이 없는 시대에 이런 되뇌임은 교사의 자질이 무엇인지를 알려주는 지표가 되리라고 본다.

선생님에게 갓골어린이집은 '처음이라 설레고도 어려운' 어린이집이었지 싶다.

참 좋고도 미안한 곳

이석희 • 83년 교사

「임을 위한 행진곡」을 제창하는 37주년 5.18 기념식을 본 후 서산으로 향했다.

최루미 갓골어린이집은 어떻게 오시게 되었나요?

이석희 82년에 근무했던 진인숙 선생님, 홍순명 선생님과의 인연으로 갓골어린이집에 있게 되었지요. 진인숙 선생님과는 동갑이에요. 둘이 죽이 잘 맞았지요. 전 82년엔 서산 집에서 피아노학원을 하고 있었는데, 홍동과 홍성을 오가며 아주 즐겁게 지냈어요. 진 선생님이 그만두면서 부탁을 해서, 피아노학원을 정리하고 갓골어린이집에 갔어요. 지금 생각하면 내가 그때 잘하지 못해서 아이들에게 미안해요. 전공도 아니었고, 별로 아는 것도 없어 아이들에게 소홀했던 것 같아요.

최루미 83년도엔 아이들이 몇 명 정도 되었나요? 보육시간과 급여, 일화 등 생각나는대로 말씀해 주세요.

이석희 83년엔 아이들이 15명 정도 있었던 것 같아요, 오전 간식도 해야 해서 곽영란 선생님과 둘이서, 식가공 건물로 쓰던 교사숙소에서 생활했어요. 일정한 급여는 없었던 것 같고, 몇 달에 한 번 주면 받고는 했어요. 한 번은 홍 선생님께서 8만 원을 주셨는데, 무척 큰돈이었어요.

이석희 봄소풍을 덕산에 있는 윤봉길 의사 생가로 갔어요. 아이들 선물로 주려고 양말을 준비했는데 그만 버스에 두고 내렸어요. 곽 선생님이 무척 안타까워 하셨는데, 정작 저는 "뭐, 누구든 잘 신겠지요."라며 흘려보냈지요. 곽 선생님이 얼마나 어이없으셨을까?

최루미 아이들에게 받는 보육료는 얼마였나요?

이석희 잘 모르겠어요. 회계 등 살림은 곽 선생님이 담당했고, 저는 안내문을 담당했지요. 안내문에 그림도 그려 넣던 생각이 나요.

83년 가을에 가정방문을 갔는데, 아이들이 그 먼 곳에서 오더라고요. 진작 알았으면 점심이라도 먹여 보낼 것을… 봄에 가정방문을 가서 미리 알았으면 무리해서라도 점심을 먹여 보낼 것을 하며 미안해하던 생각이 나요.

최루미 왜 그만두셨나요?

이석희 마음은 있었지만 아이들에게 잘하지 못해서 더 이상 하는 건 아니었지요. 그래도 그 시간이 참 좋은 시간이었고, 함께 했던 선생님들을 뵙고 싶어요. 진인숙 선생님과는 정말 친했는데, 신앙생활을 위해 독일로 간 후 편지가 몇 번 왔었는데 연락이 끊어졌어요. 참 보고 싶은 사람인데… 연락이 되면 좋겠어요.

최루미 제가 한번 찾아보겠습니다.

이후 진인숙 선생님과 연락이 되었고 마침 한국에 오시게 되어 이석희 선생님과 함께 만났다. 이날도 이석희 선생님은 가정도, 사업도 주저함 없이 선생님이 중심이 되어 일정을 조정하였다. '워낙 당찬 기질이 있으신 분이구나.' 하는 생각을 하였다. 그런데 진인숙 선생님과 만나 이러저러한 이야기를 나누는 중, 이석희 선생님께서 몇 년 전 몸이 아파 하나님을 영접하셨다고 한다. 그러더니 두 분이 손을 꼭 잡고 "병을 주셔서 참 감사해요." "정말 감사한 일이지요."라고 말했다. 병을 주셔서 하나님께 감사하단다. 이건 뭐지? 나 같으면 울며불며 원망해도 모자랄 텐데, 감사하다니. 그리고 35년만의 만남이 이렇게 자연스럽고, 편안할 수가 있다니… 갓골어린이집으로 엮인 소중한 인연이다.

선생님에게 갓골어린이집은 '참 좋고도 미안한' 어린이집이었지 싶다.

베들레헴 같은 홍동

진인숙 • 82년 교사

진인숙 선생님이 마리아자매회에 계신다는 단서를 갖고 홍성으로 돌아왔다. 검색을 하고 홈피에 들어가 메일을 남겼다. 홍성에 사는 최루미라고, 만나 뵙고 싶은 이유와 이석희 선생님 이야기, 메일 주소와 핸드폰 번호를 남겼다(2017년 5월 18일).

5월 19일 청소를 하고 있는데, 전화가 왔다.

큰딸 엄마 국제전화야.

최루미 놔둬. 받지마. 보이스피싱인가?

(조금 후 전화가 또 온다.).

핸드폰 국제전화입니다.

최루미 미국에 계시는 이모가 돌아가셨나? 여보세요?

진인숙 안녕하세요? 전 진인숙이라고 합니다. 그런데 누구시지요? (소름이 돋는다. 이렇게 빨리 연락이 닿을 줄이야….)

최루미 선생님 안녕하세요? 이석희 선생님께 선생님 말씀 들었습니다. 이석희 선생님께서 보고 싶어 하시더라고요. 그래서

제가 메일을 넣었습니다. 참 저는 홍동의 갓골어린이집에 근무했던 최루미라고 합니다.

진인숙 전 지금 독일에 있습니다. 저는 개신교 독신공동체 마리아자매회에 있습니다.

6월 15일, 3주간의 일정으로 한국에 갑니다.

최루미 그럼 그때 선생님 일정에 맞춰 이석희 선생님과 뵙겠습니다.

6월 17일 – 이석희 선생님과 진인숙 선생님을 만나다.

3주간의 일정으로 한국을 다녀가시는 선생님을 뵙기 위해 서울행 버스에 올랐다.

직접 만드셨다는 하얀 마리아자매회복을 입으신 선생님은 자그마한 분이셨다.

최루미 선생님께서는 간호학을 전공하신 것으로 아는데, 아이들과는 어떻게 지내셨나요?

진인숙 당시 갓골어린이집은 상황중심 교육을 하여, 아이들과 산책을 많이 하고 놀면서 지냈습니다.

최루미 아이들이 어느 정도 있었나요?

진인숙 15명 정도였습니다.

최루미 간식은 주었나요?

진인숙 아니요. 식가공 건물을 짓는 중이었고, 아이들은 9시에 와서 12시엔 집에 갔습니다. 오전 간식을 만들거나 준 기억이 없습니다.

최루미 직전의 선생님은 갓골어린이집에서 숙식을 했는데, 선생님은 어찌 하셨나요?

진인숙 저는 풀무학교 기숙사에서 숙식을 하고, 어린이집으로 출퇴근하였습니다. 오후에는 풀무학교에서 생물을 가르쳤습니다.

최루미 아이들과 지내며 생각나는 일화가 있다면 말씀해주세요.

진인숙 잘 기억이 나지 않습니다. 가정방문을 갔었는데, '아이들이 참 어렵게 사는 구나.'하고 느꼈습니다.

최루미 홍동에 오시게 된 계기와 1년 후 떠나시게 된 상황을 알려주세요.

진인숙 학교를 졸업하고 고려대병원에서 간호사로 10개월 정도 근무했습니다. 그런데 저의 길이 아닌 듯하여 그만둔 상황에서 공윤희 선생님 소개로 풀무학교를 방문했고, 마침 어린이집 교사가 없다고 하여 풀무학교와 갓골어린이집을 오가며 있게 되었습니다. 1981년 믿음을 얻게 되었고, 믿음생활을 하던 중 독일에서 오신 마리아자매회분을 알게 되어 입문하고 84년에 독일로 가게 되었습니다.

최루미 풀무학교, 갓골어린이집에서의 생활이 선생님 생에 어떤 의미가 있는지요?

진인숙 그곳을 생각하면, '베들레헴 같다'고 느낍니다.

난 베들레헴 같다는 말이 마음에 남아, 선생님께 문자를 넣었다. "선생님, 홍동이 베들레헴 같다는 말씀을 하셨는데, 조금 더 설명해주셨으면 합니다." 선생님은 "『성경』의 「룻기」를 읽어 보세요."라는 답변을 주셨고, 집으로 돌아와 「룻기」를 찾았다.

〈룻기에 나타난 하나님의 섭리〉

"남편을 잃은 이방(모압) 여인 룻이 홀로 된 시모(媤母) 나오미를 좇아 생활과 풍습이 다른 낯선 땅 베들레헴으로 이주하는 것은 장래를 보장받을 수 없는 어리석은 선택처럼 보일 수도 있었다. 그럼에도 불구하고 룻은 홀로 된 시어머니에 대한 신의와 하나님을 향한 믿음으로 약속의 땅을 선택하였다. 이런 선택의 결과 룻은 약속의 땅에서 가정을 이루고 훗날 다윗 왕과 나아가서 예수 그리스도의 계보에까지 오르는 놀라운 복을 받게 되었다. 세상에서도 육신의 안식을 얻을 뿐만 아니라 영원한 세상에서도 존귀한 반열에 오르게 된 것이다. 오늘날 눈에 보이는 실리를 좇아 신의도, 신앙도 망설임 없이 저버리는 현대인들에게 하나님은 본서를 통해 진정한 안식을 얻는 방법이 무엇인지, 또 그 결과가 얼마나 대단한 것인지를 다시 한 번 교훈해주신다."(『라이프성경사전』, 2006. 8. 15, 생명의말씀사).

"홍동은 제게 '베들레헴' 같아요. 하나님은 작게 시작하신다는 의미도 있고, 홍동 풀무학교와 갓골어린이집은 이삭 줍는 성경을 떠올리게도 했지요."

돌아오는 차 안에서 갓골어린이집을 처음 방문하고 서울로 돌아오던 날처럼 만감이 교차한다. 선생님들을 만날수록 사람이 하는 일이 아닌 듯하다.

●●

격동의 1980년대

새세대육영회는 1980년 12월 20일 발기인대회를 거쳐, 1981년 5월 21일 창립총회를 한 국가 주도의 어린이 육영사업 단체이다. 이 단체의 목적문에는 "어린이는 무한한 잠재력과 가능성을 지닌 (중략) 어린이들의 교육환경을 개선하고 부모교육을 통하여 그들의 건전한 성장을 도우며, 어려운 환경 속에서 자라는 어린이들도 민주시민으로 잘 자랄 수 있도록 뒷받침하는 것을 목적으로 한다."라고 쓰여 있다. 1980년은 5 · 18이 일어난 해이다. 신군부는 1980년 5월 18일부터 27일까지의 열흘간 광주시민 학살을 감행하면서, 군사적 공포 분위기를 조성하고 전두환은 정권을 장악하였다. 그해 12월 20일 새세대육영회는 발기인 총회를 하였고, 81년 5월 스스로 12대 대통령이 된 전두환의 부인 이순자를 회장으로 세우며 창립총회를 하였다. 전두환 정권과 함께 시작된 새세대육영회는 전두환이 백담사로 도망간 1988년 한국어린이육영회로 이름을 바꾸고 2004년 다시 새세대육영회로 이름을 바꿨다가, 2006년부터는 아이코리아로 활동하고 있다.

매번 '또또또 전' 두환 대통령은…으로 시작하는 뉴스에는 이순자가 아이들을 위해 열과 성을 다한다는 새세대육영회 소식이 따라 나오곤 했다. 쿠데타로 권력을 장악한 전두환 정권이 아이들 관련 사업으로 이미지를 개선하려 했던 시간이었다. 그런데 이순자 옆엔 항상 우리 학교 교수가 있었다. 4학년 때는 몇 명이 그 교수에게 항의 서한을 보내려고 했지만, 온 나라와 학내 · 외가 들끓어도 우리 과는 온실 속의 화초 같았다. 새세대육영회 덕분에 새마을유아원이 전국에 확대되고, 어린이를 위한 육영사업이 활발히 진행되어 우리나라도 유아교육의 선진화 대열에 합류하게 되었다는 말을 들으며, 조금이나마 뿌듯했던 마음도 있었던 듯하다. 하지만 아무리 눈을 돌리고, 귀를 닫아도 내가 숨 쉬며 살고 있는 막막한 시대가 다가왔다. 딱히 뭐라고 정의할 수 없는 생각들이 머릿속을 맴돌았고, 결국 시대의 '빚더미'에 눌리고 말았다. 왜 그리 스스로를 다그치며 몰아붙였는지. 가족과의 관계도 일방적으로 어그러트리며 기어이 해내야 할 일들은 도대체 무엇이었는지? 이 글을 쓰니 조금씩 보이기 시작한다.

● ●

여주 농번기탁아소

1985년, 4학년 여름방학 때 교내 한 연구소에서 하는 '농촌 탁아소 지원 프로젝트' 연구원 선생님을 따라 경기도 여주의 한 농촌마을로 갔다.

새마을유아원을 점차 확대한다고 했지만, 농촌과 저소득층 가정의 아이들은 거의 방치되는 상황이었다. 정부의 움직임을 손 놓고 기다리기엔 너무 늦고, 역사가 늘 그래왔듯이 앞서가는 사람들이 있었다. 연구소에서는 마을 부녀자들이 농번기에 아이들을 맡기고 일을 할 수 있도록, 마을회관을 이용한 농번기탁아소를 지원하는 프로젝트를 진행중이었다. 이 연구소의 주목적은 농촌 여성의 삶의 질 향상이었는데, 여성과 육아는 뗄 수 없는 것이므로 농촌 육아를 지원하였던 듯하다. 농번기탁아소는 말 그대로 농촌 일손이 바쁜 시기인 농번기에 육아를 서로 협업하던 공동육아 방식으로 마을 부녀회가 주축이 되어 운영되고 있었다. 마을회관 2층을 조금 손보고, 아이들 놀잇감을 놓아 탁아소를 운영했다.

선생님은 고등학교를 갓 졸업한 동네사람이었다. 이때만 해도 농촌에 젊은이들이 남아 지역사회를 일구고 있었다. 커트 머리에 안경을 낀 스무 살 아가씨 선생님. 겨우 스물두 살밖에 되지 않은 내가, 어느 대학에서 유아교육을 전공했네 하며 뭔가를 가르쳐준다고 했을 때 그 심정이 어땠을까? 지금이야 손주 볼 나이가 되어 아무리 꾸며도 젊은이들 낮잠 자다 일어난 모양새에도 못 미치지만, 스물두 살 '나'는 얼마나 꾸미고 들이댔을까 싶다. 아이들과 놀아주고, 책을 읽어주고, 동네 산책도 하면 되는 것을… 거기다 맛난 음식 같이 먹고 즐겁고 안전하게 아이들과 지내면 되는 것을. 나는 왜 그리 유치원 교육과정을 들이대며, 이렇게 저렇게 해야 한다고 했을까?

선생님은 교육과정 운운하며 가르치는 것을 전혀 받아들이지 못했고, 우리는 교육의 질 운운하며, 지역에 남아 애쓰는 젊은이를 격려조차 하지 않았다. 오히려 이것저것 지적하며 코너에 몰아붙인 격이었다. 그래서일까? 선생님은 이 일이, 아이들을 돌보는 일이 어렵다고, 자기 적성에 맞지 않는다고, 못하겠다고 했다.

대한민국 유아교육은 프뢰벨부터 시작하는 교육철학과 교육과정을 알아야만 할 수 있는 일이고, 아이들 돌보는 일이 어려운 일이라는 생각을 갖게 한 데 일조를 한 셈이다. 결국 그 선생님은 중도에 탁아소를 그만두었다고 한다. 어설픈 도움을 준다는 게 얼마나 자기 유희에 지나지 않는지 여실히 보여주는 부끄러운 일이었다.

하루는 연구소 팀들과 다시 여주를 갔는데, 마침 마을 부녀회를 하는 날이었다. 부녀회원 집에 모여 밥을 먹었던 생각이 난다. 부녀회장님은 얼마 전 막내아들을 교통사고로 잃었다. 농번기라 남자고 여자고 모두 일하던 때, 일하러 갔다 돌아오는 엄마를 맞은편에서 보고 달려오다가, 그만 트럭에 치였단다. 그렇게 엄마 앞에서 엄마에게 반갑게 달려오던 아이의 사고를 겪으며, 탁아소를 운영해야 할 필요성을 부녀회 분들은 더욱 크게 느꼈다고 한다. 늦둥이를 잃은 부녀회장님은 무척 여윈 모습이었다. 그래도 여러모로 연구소 활동을 도와주셨다. 여주뿐만 아니라, 대한민국 농촌 아이들의 안전한 보육환경이 시급한 상황이었다.

여주프로젝트를 진행하는 과정에서 충남 홍성의 갓골어린이집을 알게 되었다. 갓골어린이집이란 곳이 있는데, 농촌 어린이집으로는 그 당시 보기 드물게 잘 운영되고 있다고, 말하자면 선진지 견학차 홍동을 방문하게 되었다. 그 후로 여주의 탁아소 운영이 어찌 되었는지는 모르겠다. 여름방학 때 잠깐 관계를 맺어 여주에 2, 3차례 다녀오고, 갓골어린이집을 함께 방문하고는 연구소 선생님과 연락도 끊어졌다.

1990년 혜영이 · 용철이 남매와 1991년 인천 세쌍둥이의 화재로 인한 죽음은, 급속한 산업화로 인해 여성의 사회진출이 불가피하게 되었고, 이로 인해 돌봄을 받지 못한 채 방치된 아이들에 대한 국가의 책임을 일깨워주는 계기가 되었으며, 보육정책에 많은 영향을 주었다. 당시 대한민국은 극적인 사건이 일어나야 움직이는 '소 잃고 외양간 고치는' 나라였다.

● ●

홍동방문

마을 지형이 머리에 쓰는 '갓'처럼 생겨, '갓+고을(마을)=갓골'이 되었고, 어린이집은 마을 이름을 따서 갓골어린이집이 되었다고 한다.

시멘트벽돌에 슬레이트 지붕을 한 직사각형의 허름한 건물이지만, 제법 많은 아이들이 안정감 있게 지내고 있는 게 느껴진다. 낯선 어른들이 서성여도 아이들은 자기 놀이에 흠뻑 빠져있다. 선생님들의 발걸음은 빨라도 우리를 대하는 태도나 아이들을 대하는 태도가 편안하다.

활동적이면서도 질서 있는 이 느낌은 뭘까?

커트 머리에 호탕하게 웃으시는 선생님의 안내로 어린이집을 둘러보았다. 어린이집 입구 벽엔 네모난 나무현판이 달려있다. "이 건물은 네덜란드 제3세계 지역사회개발기금으로 지어졌습니다."(순전히 가물가물한 기억에 의존해서 틀린 문구일 수도 있지만, 요지는 이러하다. 이를 기념하기 위한 현판. 이 건물을 부수고 그 자리에 새로운 건물을 지었는데, 글을 쓰는 지금 새삼 그 나무현판이 눈앞에 다가온다, 잘 보관할 것을.) 선생님들은 아이들을 돌보고, 밥도 하고, 청소도 하고 심지어 우리처럼 홍동을 방문하는 사람들 안내까지 하신다.

아이들이 모두 집으로 가자, 선생님들은 청소며 설거지도 그냥 두고 우리 방문자들과 동네로 나선다. 마을회관을 이용하여 도서관을 운영하는 선생님은 서울에서 대학을 졸업하고 귀농하신 분이다. 지금과 달리 80년대 초 여성의 대학 진학률은 10퍼센트 미만이었다. 그러니 대학 나온 여자라는 이유만으로도 관심을 받았다. 보통 귀농을 한다면, 농사를 짓는다는 생각을 하는데, 이 분은 도서관을 운영하고 있다. 농민과 책이라니……. 풀무학교를 설립한 이찬갑 선생님은 "일만 하면 소, 공부만 하면 도깨비"라며, 일도 하고 공부도 하는 농민이 되어야 한다고 하셨단다. 그러고 보니, 여느 농촌과 다를 게 없는 마을에 도서관 하나로 다른 곳이 된 듯하다. 이런 곳도 있구나, 이렇게 살 수도 있겠구나 싶다. 갓골어린이집과 마을 도서관, 대안고등학교인 풀무학교까지 돌아보고, 집으로 돌아오는 길에 만감이 교차한다.

갓골 살롱

한명석 • 창정마을도서관 운영, 이메일 인터뷰

최루미 홍동 창정마을에 도서관을 만들고 운영하던 상황을 말씀해 주시기 바랍니다.

한명석 1984년 가을로 추정되는데, 당시 『마당』이라는 잡지에서 풀무학원 탐방기를 읽었는데 "사람이 공부만 하면 도깨비요, 일만 하면 짐승"이라는 개교이념에 심취하여 무작정 풀무학원을 방문했지요.

국화축제 기간이었던 듯싶고 마당에서 졸업생들이 배구를 하고 있다가 반갑게 맞아주어서 나그네의 마음이 편했는데 그 팀 중에 개월 주정선이 있었고, 정승관 선생님 사모님께서 나를 보고 "담대하다"고 했던 기억이 나네요.

당시에도 홍동을 찾는 손님이 제법 있어서 갓골어린이집이 숙소 역할을 도맡아 하고 있었던 듯했어요. 나도 갓골에서 묵었는데 부엌 쪽 방에 있던 주정민 씨 부부가 홍동에서 시험개발 중이던 떠먹는 요구르트를 주어서 처음 먹어보았는데, 곽영란 씨 왈 "이걸 처음에 이렇게 잘 먹는 사람 처음 보았다."고 했어요.

풀무소비자협동조합(당시 풀무신협 옆에 세 들어 있었다.)에 갔더니 근무 중이던 정해일 씨가 대뜸 "어디서 오셨냐?"고 물은 것도 인상적이었어요. 그러니까 홍동에 다니러오는 사람들을 다 꿰고 있었던 거지요.

당시 이영숙, 조진숙 콤비의 인기가 대단했지요. 이영숙의 화통함과 조진숙의 새침함은 서로 시너지를 이루어 갓골어린이집이 홍동의 살롱 역할을 하게 했어요.

내가 여기로 이주한 것은 1985년 2월경입니다. 내가 홍동에서 살고 싶어하니 창정회관에서 도서관을 하는 일이 열렸지요. 창정회관 바로 옆의 청궁 할아버지 댁 행랑채에서 자취를 했어요. 홍순명 선생님께서 갖고 계시던 책이 꽤 많아 그걸 기반으로 하고 좀 더 모으기도 해서 도서관을 만들었어요. 책은 10평 남짓한 회관을 빙 둘러 차지할 정도였는데, 4천 권쯤 되었을 거예요. 그곳은 2년 정도 도서관과 학생들 공부방 노릇을 했습니다. 초반에는 도서 대출이 좀 있었는데 곧바로 건수 자체가 줄어들어 나는 이내 무료해졌어요. 일을 만들어 사람들이 도서관을 많이 찾게 해야 한다는 생각에 세미나도 개최한 기억은 나는데 주제와 강사는 기억 안 나네요.

도서관은 1985년 12월 전후로 총 2년 정도 활동했어요. '디딤돌'이라는 청소년 모임이 제일 기억에 남아요. 이야기 상대가 되어주고 문집도 만들고 재미있게 했어요.

도서관 활동에 슬슬 싫증을 내던 차에 신혼 때여서 길게 운영하지 못하고 문을 닫았어요. 작은 규모라도 단단한 소신과 끈기를 필요로 하는 일이었는데 그저 책과 글을 조금 좋아하는 수준으로는 지속적인 활동이 어려웠어요, 책을 다시 싸서 아마도 갓골로 보낸 듯합니다.

● ●

취직이 되다

1985년은 젊은이들이 군사독재 정권에 온몸으로 항거하던 때였다. 자고 일어나면 또래의 젊은이들이 분신과 투신 혹은 갖은 누명을 쓰고 사라졌다. 진로를 결정해야 할 12월. 시국도 어수선하고, 내 진로는 더 막막하다. 더 이상 집에서 살기는 싫은데, 취직은 어찌 해야 하나? 투덜거리면서도 집을 한 번도 떠나보질 못해서 막막하기만 하다. 몇몇 친구들은 공장으로 위장 취업을 하고, 유치원 취직이나 대학원 진학을 계획한다. 갓골어린이집을 다녀온 후에도 대학원 진학을 해볼까 하며, 도서관을 드나들었다. 평소에 공부를 안 해서, 차근차근 공부해온 동기들과는 게임이 되지 않았는데, 어디 마음 둘 곳이 필요했는지 하릴없이 도서관을 드나들었다. 이 병은 가끔 도져, 어린 아이를 두고 대학원을 가겠다며 2번 도전했다가 번번이 떨어졌다. 그때 좀 융통성을 발휘해서 근방의 지방대를 갔으면 지금쯤 넉넉한 가방끈을 가졌을 텐데, 왜 그리 실력도 안 되면서 무모하게 본 대학원과 국립대를 지원했을까? 내가 진정 원하는 게 아니어서 그렇게 집적거리는 시간이 필요했다고 자위한다.

서울에 있는 유치원 취직은 어렵지 않게 되겠지만, 유치원 실습을 하면서 느낀 바는 그 정도 가정의 아이들이면 굳이 내가 필요하지 않다는 거였다. 시간과 경제력이 있는 준비된 부모를 둔 아이들에게 내가 그 이상 무엇을 해줄 수 있을까? 내가 과연 필요하기나 할까? 그렇다면 나를 필요로 하는 곳, 내가 무언가 할 수 있는 곳에 가야 하지 않을까? 그런 고민을 하던 중, 번쩍 떠오른 곳이 있었다. 갓골어린이집, 그래 바로 거기다. 그렇게 마음을 먹자 월급이 얼마고 시설이 어떤지는 중요하지 않았다. 숨을 쉬기도 힘든 시대, 먼지처럼 부유하는 '내'가 아닌 나를 필요로 하는 곳에서 '나'를 찾아야 했다.

지푸라기라도 잡는 심정으로 갓골어린이집 선생님들께 편지를 썼다. 갓골어린이집 교사가 되고 싶다고, 부족해도 열심히 하겠다고. 곧 답장이 왔다. 호탕하게 웃던 커트 머리 선생님이 마침 홍동에서도 더 오지에 어린이집을 만들 계획이라고 오라고 하신다. 선생님은 이미 새로운 어린이집에 대한 꿈을 꾸고 계셨고, 그러려면 교사문제를 해결해야 했는데, 그때 마침 내가 그 일을 한다고 했으니 우연의 일치만으론 설명이 되지 않는다. 선생님이나 나나 이 당시의 연결고리에 대해선 '하늘이 도왔다.'고 무언의 합의를 보았다. 난 단숨에 결정했다. 그래 가자.

●●

2월 어느 날

1986년 2월, 졸업을 앞둔 어느 날, 짐을 싸서 새벽에 집을 나왔다. 제약회사에 다니던 언니는 몰래 지갑에 돈을 넣어주었고, 발소리에 눈을 뜬 작은오빠와는 눈빛 인사로 작별을 하였다.

영등포에서 첫 기차를 탔다. 혼자서 홍성에 가는 것은 처음이었지만 난 늘 다니던 사람처럼 역에 내려 터미널까지 가서 홍동행 버스를 타고 홍동면 소재지에서 내렸다.

버스터미널엔 다방과 식당이 있고, 농협도 있다. 농협에서 면사무소 쪽으로 조금 가면 울타리약국과 양조장이 있는 사거리가 나온다. 양조장 쪽으로 꺾어져 가다보면 홍동보건지소가 있고 조금 더 가면 맞은편에 길보다 높아 들녘을 내려다 볼 수 있는 전망 좋은 곳에 갓골어린이집이 있다.

조리실 겸 주방, 교사숙소가 있는 건물을 왼편에 두고 경사로를 올라가면 큰 그네와 작은 그네, 빵빵이와 미끄럼틀을 타고 내려오면 바로 이어지는 곳에 모래놀이터가 있다. 마침 겨울방학을 마치고 5회 수료 및 졸업식까지 2주간 어린이집이 운영되던 때였다. 이른 새벽 기차를 타고 오니, 갓골어린이집은 한참 아이들을 맞이하고 있었다. 설마가 현실이 된 순간이었고, 갓골어린이집에 첫발을 디딘 순간이었다. 그간 얼마나 어려웠겠느냐며, 따뜻하게 맞아주시는 두 숙 선생님들…. 밤새 한숨 못자고 달려와 교사숙소에서 한숨 자는 것으로 갓골어린이집 생활이 시작되었다.

● ●

제5회 졸업식과 수료식

농촌 작은 면 단위 어린이집이지만 20평 보육실이 반듯하게 있고, 미끄럼틀, 그네, 빵빵이가 있는 놀이터 그리고 주방과 교사숙소도 있다.

보육실도 자유선택 활동을 위한 흥미영역으로 깔끔하게 정리되어 있다. 환경판은 아이들 작품으로 아름답게 꾸며져 있고, 구석구석 정리가 잘 되어 있다.

내가 온 시기는 어린이집도 한 해를 마무리하고 졸업을 준비하고 있었다. 이 해 졸업생은 10명. 나머지 아이들은 수료하고 대부분 재원을 한다. 어디서 났는지, 졸업가운도 있고, 학사모도 있고, 여느 졸업식 못지않게 격식 있게 한다. 졸업가운은 작은 숙 언니 교회 어린이성가대가 성가복을 바꾸게 돼서 얼른 가져왔다고 한다. 학사모는 사진관에서 빌려왔었나? 대부분 후원을 받거나, 버려지는 것들을 아주 멋지게 재활용 하던 시절이었다. 글을 읽는 아이들도 제법 있어 송사, 답사도 준비하여 부모님과 할아버지, 할머니, 언니, 동생들, 원장선생님을 모시고 졸업식을 한다. 보통 3년 정도 어린이집에 다니니, 가족과 아이들 모두 떠나는 것을 서운해 한다. 갓골어린이집이 1980년에 건축을 하여 1981년에 개원을 했으니, 86년 2월은 5회 졸업식이었다. 이영숙 선생님에게는 갓골에서의 두 번째이자 마지막 졸업식이고, 이영숙, 조진숙 선생님이 함께 하는 마지막 졸업식이기도 하다. 나는 아직 서먹서먹한 아이들을 보내며, '내 생에 첫 아이들'을 맞이할 준비를 한다.

●●

이영숙과 조진숙의 시대

갓골에 있던 두 분 선생님의 집도 서울이다. 나처럼 서울 처자가 농촌으로 내려온 것이다. 홍동에 먼저 내려오신 분은 조진숙 선생님. 1982년에 친구 소개로 풀무학교에 왔다가, 풀무학교가 좋기도 하고 마침 기숙사에 일손이 필요하기도 해서 풀무학교에 있게 되었고, 아이들을 좋아해서 갓골어린이집에도 놀러가고 돕기도 하면서 인연을 맺으셨다고 한다. 먼저 계시던 두 분의 선생님이 84년에 그만두게 되어, 갓골어린이집 선생님으로 오시게 되었다. 풀무학교 기숙사에 계실 때, 홍순명 선생님을 뵙게 되면 "선생님. 저 어린이집에서 일하고 싶어요."라고 하셨다고 한다. 조진숙 선생님은 스물두 살에 만난 아이들과의 인연으로 30년 넘게 보육현장에 계셨다.

이영숙 선생님은 홍동에 오기 전 자원봉사 단체인 한벗회에서 활동을 하며, 쓰레기 섬인 난지도에 계셨다. 지금은 하늘공원이 된 난지도는 도시빈민들이 서울에서 들어오는 쓰레기 더미에서 재활용할 것들을 분류하며 사는 곳이었다. 다닥다닥 붙은 집들은 방 하나에 작은 부엌이 딸린 7-8평 정도의 조립식 주택이었다. 그곳에 3대가 함께 살기도 했고, 공동화장실을 사용하는 등 아주 열악한 환경이었다. 어른들이 쓰레기 분류 일을 가면, 아이들은 골목과 빈집을 오가며 어른들이 오기를 기다리는 것으로 하루를 보내곤 했다.

선생님은 이곳에서 아이들을 모아 돌보기도 하고, 야학을 하며 동네 청년들과 모임을 만드는 일을 하셨다고 한다. 큰 숙 선생님이 너무 지치자, 한벗회 백진앙 선생님께서 "바람이나 쐬러 홍성에 가보자."며 함께 풀무학교를 방문했고, 마침 갓골어린이집의 교사를 구하던 홍순명 선생님의 권유로 84년 새 학기를 작은 숙 선생님과 시작하게 되었다고 한다.

홍동에 1년 먼저 와서 지역과 갓골어린이집에 익숙한 작은 숙 선생님은 부지런하고 재주가 많을 뿐 아니라 예술적 감수성이 뛰어났다. 보통사람 같으면 대충 그냥 살고 말 것도 선생님은 아름답게 가꾸어 갔다. 어린이집 주변을 아름답게 가꾸고, 아이들의 놀이영역도 여러 소품과 아이디어로 꾸몄다. 하루 일과를 아이들에게 좋은 리듬으로 구성하고, 학부모들과 소통하기 위해 정성스럽게 가정통신문을 보내고, 아이들을 씻기고 옷도 빨아 입히는 등 그야말로 선생님과 엄마 역할을 해내셨다.

여기에 뛰어난 공감력으로 헌신을 다하는 큰 숙 선생님은 후원회를 조직하고, 이사회에 힘을 불어넣는 등 두 숙 선생님의 조합으로 갓골어린이집은 전성기를 누리게 되었다. 그리고 그 전성기의 정점에 내가 오고, 큰 숙 선생님은 새로운 도전을 하기 위해 갓골어린이집을 그만두셨다. 86년 내가 왔을 땐 이미 갓골어린이집은 따뜻한 온기가 서린, 안정된 교육환경과 교육리듬을 갖추고 있었다. 나는 그저 두 숙 선생님들을 따라가기도 벅찬 나날이었다. 말 그대로 초짜 막내로 두 숙 선생님들에게 배우며 사람이 되어갔다.

교육 사조도 많고, 저마다 맞다는 것을 증명하려는 듯, 외래어에, 원

이영숙(왼쪽), 조진숙 선생님(중앙)과 비오는 날 해미읍성에서. 2017.

어에, 알아듣지도 못할 용어들을 써가며 서류화하기 바쁜 요즘 유아교육 현장과 비교하면, 우리는 아이들에 집중할 수 있어 좋은 교육환경이었다. 요즘 유아교육 현장은 여러 인력들이 있고 업무 분담이 되어있지만, 대부분 시간을 서류작업에 매달린다. 누구를 탓하랴. 대한민국 유아교육이 좀 더 나아지기 위한 과도기려니 하며, 늦은 밤까지 각종 서류작업으로 다크서클이 턱까지 내려온다는 어느 선생님의 한탄을 모른 척 외면할 수밖에.

당시 큰 숙, 작은 숙 선생님은 지금까지 내가 만난 최고의 어린이집 선생님이시다. 예술적 감수성, 헌신, 열정, 공감력에 '인간에 대한 예의'를 갖춘 분들이었다.

●●

홍순명 선생님

1981년에 개원을 한 갓골어린이집은 농촌에 있는 어린이집 치고 작지 않은 규모인데 교육뿐만 아니라 운영도 교사 주도로 이루어지고 있었다. 설립자이신 원장선생님도 계신다고 하는데… 그러고 보니, 나를 오라고 한 것도 원장선생님이 아닌 두 숙 선생님들이셨다. 원장선생님은 만나지도, 연락을 주고받지도 않고 선생님들 말만 듣고 집을 뛰쳐나오고 나서야 원장선생님을 만나러 갔다. 두 숙 선생님들과 어린이집 일정을 마치고 풀무학교로 원장선생님을 뵈러 갔다.

풀무학교 교훈인 '위대한 평민'을 새긴 커다란 돌이 교무실과 교실로 쓰는 2층 건물 앞에 세워져 있다. 건물에 들어서면 왼쪽 첫 방이 행정실, 옆에 교무실이 있고, 그 옆으로 도서관이 있다. 그리고 제일 끝 방이 홍순명 선생님 연구실이다. 보통 교장선생님 방엔 커다란 소파가 정중앙에 있고 각종 트로피와 난 화분이 놓여 있어야 하는데, 여긴 온통 책이다. 다른 나라에서 온 듯한 액자와 작은 소품들이 있고, 가운데는 연탄난로가 있다.

우리가 가니 교장선생님이 직접 연탄도 갈고 차도 타 주신다. 큰 숙 선생님과 홍순명 선생님과의 첫 만남에는 홍 선생님이 대걸레를 들고 청소를 하고 계셨단다. 작은 숙 선생님과의 첫 만남은 서울 삼양동의 일심의원이었는데, 흙이 잔뜩 묻은 신발을 신고 허름한 옷을 입으신 분이 그렇게 조곤조곤 말씀을 잘 하셨다고…. 인사를 드리니, 교사 임면 절차 등에 대한 이런저런 지적이나 업무 지시는

홍순명 선생님.

고사하고, 그저 반갑고 감사하다고 하신다. 이렇게 농촌에, 갓골어린이집에 와주셔서 감사하다며 인사만 하시는 모습에서 교사들을 전적으로 신뢰하는 원장선생님, 젊은이들을 믿음으로 감싸는 어른의 모습이 느껴졌다. 큰 곳이든 작은 곳이든 장이 되면 권위를 내세우고, 모든 결정권이 본인에게 있다고 착각하며, 대외적인 업무나 결재를 하고, 차를 타거나 청소하는 일은 당연히 다른 사람의 몫이라고 여기는 세상에, 선생님의 연탄 갈기와 책으로 둘러싸인 공간 그리고 원장은 별로 하는 일이 없다고, 다 선생님들이 하신다고, 고마울 뿐이라는 홍순명 선생님과의 만남은 홍동이 살 만한 곳임을 느끼게 하기에 충분했다.

●●

부모회의

갓골어린이집은 교육, 살림살이, 행사 등 여러 부분을 부모회의를 통해 의논하고 결정했다. 풀무학교가 지향하는 '소통과 협력의 교육'을 자연스럽게 이어받았기 때문이리라. 소풍은 어디로 갈지, 점심이나 간식으로는 무엇을 주면 좋을지, 아이들과 무슨 활동을 하면 좋을지… 가정통신문을 보내도 며칠씩 가방에 그대로 있기도 했고, 무언가 상의하려고 하면 "선생님이 다 알아서 해주세요."라는 답을 들었어도 갓골어린이집은 다양한 소통의 방법으로 다가갔다.

가랑비에 옷 젖는다고 부모들 마음도 젖어갔는지, 점차 아이들 간식은 어땠으면 좋겠다, 소풍은, 어린이날 잔치를 하는데 음식은 어떻게 할까 등 자유롭게 의견을 내게 되었다. 방충망도 없던 시절, 아이들이 모기나 벌레에 물리기도 하고, 놀이터도 지금처럼 안전검사를 받거나 하지 않은 철제 기구여서 다치기도 많이 했지만, 부모님들과 선생님들이 서로의 선을 넘지 않았다. 서로가 서로에게 미안하고 고마운 마음으로 다가갔기 때문이리라.

"아이고, 괜찮아요. 저렇게 넘어지고 깨지면서 크는 거지요." 한 번은 아이가 이마에 큰 혹이 나서 집에 데려다주며 죄송하다고 했더니, 아버님께서 "눈만 안 빠지면 되지요. 뭐" 이렇게 말해주셔서 눈물이 핑 돌던 생각이 난다. 돌이켜 보면 이런 마음이 바로 연민 혹은 선한 의지였지 싶다. 아이들 교육기관에서 진정 중요한 것은 무엇을 가르치는 것보다, 아이들을 바르게 키우기 위해 서로 돕고 좋은 마음으로 관계를 맺는 어른들을 보는 것이 아닐까?

86년 3월, 나의 첫 입학식을 마치고, 다가올 농번기를 피해 바로 부모회의를 했다. 아이들은 내가 보고, 작은 숙 선생님과 부모님들은 둘러앉아 간식을 먹으며 도란도란 이야기를 나누었다. 회의 중 부모들이 자발적으로 보육료 인상을 요구했다. 물가가 올랐으니, 보육료도 올려야 한다고 했다. 본인들이 돈을 더 내야 한다고 요구하다니, 뭔가 이상한 동네다. 나는 아직 혈기왕성한 어린 사람이었다. 살림을 잘 알지도 못하면서 보육료를 올리면 안 된다고 고집을 부렸다. 농촌의 학부모들이 무슨 여유가 있겠냐며 반대를 했다. 참, 누가 그 상황을 모르나? 그래도 생활을 해야 하지 않나? 물가가 올랐으니 보육료를 조금 올리는 게 당연했다. 맞았다. 아이들 급 · 간식재료를 너무 빠듯하게 사서 모자란 경우가 있으니 좀 넉넉하고 좋은 것을 주고, 교육재료도 좀 더 갖추라는 것인데, 나는 그들의 주장이 크게 잘못된 것처럼 굴었다. 농사를 짓지 않고 직장을 다니는 학부모들을 원망하고, 부모회의 결정을 존중하자는 작은 숙 선생님을 몰아세웠다. 철이 없어도 한참 없던 시절이었다.

오랜 회의 끝에 보육료는 올랐고, 나는 화가 나서 교사숙소로 내려와 이불을 뒤집어쓰고 누웠다. 작은 숙 선생님은 무슨 큰 잘못을 한 것처럼 미안해하며 오히려 나를 달랬다. 생활이란 것을 해보지 않고 머리로만 살아온 것을 여실히 드러냈다.

1년 후 작은 숙 선생님이 떠나고 내가 살림을 맡았는데, 몇 달치 금전출납부를 작성하지 않아 돈의 행방이 묘연했다. 문화동어린이집에 가신 큰 숙 선생님이 원정을 오셔서 봐주셨지만, 먹고 쓰고 살긴 했는데, 이사회에 재정보고를 하자니 근거가 없었다. 결국 두어 달 급여를 반납함으로써 겨우 맞출 수 있었다.

지금도 나는 경제개념이 없는 편이다. 낙천적인 면이 있기도 하고, 풍요롭진 않았지만 부족함 없는 중산층의 가정에서 자란 탓도 있으리라. 덕분에 한참 남은 '노년'을 걱정해서 '지금'을 포기하지 않을 힘도 생겼을 것이다. 그래서 난 유아교사들이 '지금 당장' 아이들을 잘 돌보는 것도 중요하지만, 분배가 잘 이루어져 건실한 중산층 가정이 많아지는 '좋은 사회'를 만드는 일에 관심을 갖고 동참하는 것도 유아교사의 역할 중 하나라고 본다.

●●

이사회

갓골어린이집은 개인이나 단체 소속이 아닌 마을의 어린이집이라는 보육의 공공성을 개원 때부터 지켜왔다. 어린이집 급 · 간식이나 교육에 대해서는 부모회에서, 전반적인 살림살이는 이사회에서 논의하였다. 워낙 빡빡한 살림살이라 화장실이나 수도에 문제가 생기거나 마당과 놀이터를 손봐야 할 일이 생기면 이사님들이 직접 나서서 봉사를 하셨다.

학부모, 마을분들, 동네 학교 선생님 등으로 구성된 이사회는 일 년에 한 번 정도 모여 근로봉사를 했다. 경운기로 홍동천의 모래를 퍼서 체로 치고, 마당과 모래놀이터에 깔았다. 화장실의 고장난 변기를 새것으로 바꾸기도 하고, 지저분해진 벽에 페인트 칠을 해주시면 우린 그 위에 벽화를 그리기도 했다. 점심은 선생님들이 정성스럽게 준비하고, 새참으로 막걸리와 부침개도 내놓았다. 아이들이 없는 시간대를 이용해야 해서 선생님들은 주말을 반납하고, 이사님들은 바쁜 일을 뒤로하고 갓골어린이집을 위해 기꺼이 삽을 들고, 경운기를 몰고 오셨다.

이사회는 갓골어린이집이 아이들을 위한 지역사회의 소중한 자산으로 역할을 하는 데 중추적인 역할을 하였다. 사회복지법인을 만들고 건축을 하고 지원을 받는 등 군청과 업무를 교류할 때, 공무원이 "갓골어린이집은 사회복지법인 원칙을 지키는 곳이야. 아마 대한민국에 이

이사회의 노력봉사.

런 곳은 거의 없을 걸?" 하며 공공성을 인정하기도 했다. 작은 부분이라도 사유화하지 않고 공공성을 지키려는 현장의 노력과 지역민들로부터 신망이 높아 긍정의 기운을 받을 수 있었던 것 등은 갓골어린이집이 이룬 성과 중 하나다.

●●

나는 교사다

나도 처음엔 뭔가를 가르쳐야 한다는 강박을 가졌다. 학교에서 배운 대로 연령별로 반을 나누어야 한다며 고집을 부려, 작은 아이들반을 교사숙소 마루에 따로 보육공간을 마련했다. 큰 교실과 놀이터, 주방 정리, 식단 준비, 부모회 준비 등 할 것이 산더미 같은데, 난 내 담당교실 환경정리를 어떻게 할 것인지, 무슨 놀잇감을 갖다 놓을 것인지 '내 아이들만 잘 보면 되지. 뭐' 하는 생각으로 유유자적하며 즐기고 있었다. 시간과 공을 들여 교사 작품 환경판을 만들고(이 병은 92년도 홍성YMCA 아기스포츠단 교사 때도 도져 환경판 만드는 데만 일주일을 보내고, 정작 중요한 신학기 준비는 제대로 못하기도 했다.) 신발장 이름표를 붙이고, 교육계획은 이렇게 T(teacher). : C(children), T : C… (유아교육기관에서 교육계획을 짤 때 하는 전형적인 방식으로 미리 교사(teacher). : 아동(children)의 문답을 예상하여 교육을 계획하는 것이다.) 해야 한다며, 여주 탁아소에서의 착오를 재현하고 있었다. 엄마는 큰 살림살이에 등골이 휘는데, 철없는 딸은 자기 꾸미기에만 정신이 팔려 있다고 해야 할까? 늘 함께 공유하며 생활해왔던 작은 숙 선생님이 드디어 폭발하셨다. 문화동어린이집 개원을 준비 중인 큰 숙 선생님을 붙잡고 엉엉 우셨단다. 그때는 '내가 잘해서 못마땅해 하는 걸까?'라고 생각했던 듯하다. 아주 잠깐이지만… 결국 큰 숙 선생님이 중재에 나섰다. 작은 숙 선생님과 나 사이를 오가며, 한 살 차이밖에 안 나는, 어쩌면 경쟁관계일 수도 있는 두 사람이 마음을 열고 허심탄회하게 이야기를 하도록 하셨다.

김치 담그기, 연탄 갈기, 음식 만들기는 고사하고 내 속옷도 안 빨던 철딱서니 없는 서울 처자가 그렇게 겁도 없이 갓골어린이집 교사가 되었다. 얼마 지나지 않아 아이들을 한번 더 바라보고, 함께 주변을 가꿔 나가는 어른의 삶을 보여주는 것이 진정한 교육이라는 것을 깨달았다. 결국 그렇게 멋드러진(?) 환경판을 몇 날 며칠 만들어 놓고, 나는 다시 작은 아이들을 데리고 큰 교실로 올라갔다. 며칠 떨어졌던 아이들은 반갑게 언니, 동생으로 만나 자연스럽게 놀았고, 이후로 나는 작은 숙 선생님을 따르며 '지금, 여기에 적합한' 유아교육을 배워나갔다.

●●

갓골어린이집은 무슨 교육을 하나요?

“갓골어린이집은 무슨 교육을 하나요?”

“상황중심 교육을 합니다.”

그 당시는 물론 지금도 좀 낯선 말이다. 갓골어린이집 설립자이신 홍순명 선생님께서 독일의 유아교육 사조를 들여와서, 연구모임을 만들고 독일의 교수를 모시고 세미나도 열었다고 한다(내가 오기 전인 1981년 갓골어린이집을 세울 무렵의 일이다.). 자원봉사 단체를 이끌며, 한벗 유아원 원감으로 교육에 관심이 많았던 백진앙 선생님께서 한국 상황중심 교육회 사무국장을 하셨다.

상황중심 교육은 생활중심 교육과 생태유아 교육이 접목된 교육사조라 할 수 있으리라. 내가 근무하던 시기엔 상황중심 교육에 대한 책자만 있고, 이를 교육하거나 세미나를 이끌어주는 사람이 없었다. “갓골은 상황중심 교육을 합니다.” 나도 그냥 얼버무리며 다른 이들에게 말은 했지만, 그 교육을 제대로 공부해보진 못했다.

“상황중심 교육이 뭐예요?” 하고 누가 물어오면 ‘길을 가다가 길을 잃어버렸을 때, 그 상황 자체를 교육하는 것’이라고 나는 곧잘 설명하곤 했다. 하지만 나의 대답을 들은 상대방은 늘 이해가 안 된다는 표정을 지었다. 내가 잘 모르니, 상대방을 어떻게 납득시킬 수 있겠는가? 무식하면 용감하다고 했나. 상황중심 교육도 모르면서, 나는 용감하게 갓골어린이집 생활에 스며들었다. 사실 무슨 교육사조나 연구보다는 하루하루를 살아내는 것이 더 절실했다. 밥하고, 청소하고, 아이들 돌보고, 여러 회의를 준비하고, 지역에서 일어나는 일들에 참여하고.

이것저것 간섭하고 지시만 하는 '꼰대'는 없었지만, 교육을 체계적으로 이끌어주는 스승이나 선배도 없었다. 무엇을 하든, 어떻게 하든, 모두가 우리 선생님들의 몫이었다. 설립자이신 홍순명 선생님은 우리에게 어떤 지시도, 간섭도 하지 않으셨다. 그저 갓골어린이집은 상황 중심 교육을 한다고 하셨고, 책 몇 권을 가져다 주셨고 그리고 교육자로서 묵묵히 살아가셨다. 모든 일에는 일장일단이 있는 법이다. 교사로서의 첫 출발부터 지시와 간섭 없는 환경에서 지내서인지, 내 작은 그릇을 꽉 채워 쓸 수 있는 요량과 자존감을 가질 수 있었다. 하지만 원장선생님이 조금만 관심과 시간을 내셨더라면 하는 아쉬움도 남는다. 당시의 원장선생님은 풀무학교 교장이셨고, 지역에 여러 가지 새로운 시도를 하고, 손님을 맞이하는 일 등으로 바빠서, 하나부터 열까지 모든 것을 선생님들에게 맡겨놓았다. 다행히 선생님들이 헌신적으로 하긴 했지만, 선생님이 바뀌면 다시 처음부터 시작해야 했다, 그리고 그 다음은 운명에 맡기는 수밖에 없었다.

한 번은 원장선생님을 찾아가, 갓골어린이집 원장을 그만두시는 게 어떠냐는 취지의 말씀을 드렸다. 당시 갓골어린이집엔 큰 등대 같은 원장선생님보다 함께 손전등을 비추며 한 걸음씩 나아가는, 아이들을 위한 좋은 교육과정을 만들고 실천하고 평가하고 정리해서 기틀을 잡고 다시 실천해나가는 원장선생님이 필요했기 때문이다.

●●

선생니–임

해가 뜨고 지는 것에 따라 들녘에서의 노동시간이 달라지고, 달이 차고 기우는 것에 따른 절기로 생활리듬이 달라지는 곳인 농촌의 하루는 농번기(봄, 여름, 가을)와 농한기(겨울)가 다르다. 파종부터 거둬들이는 때까지인 농번기에는 일찍 일을 나가는 부모들과 함께 아이들도 이른 아침 안개를 뚫고 걸어서 온다. 가끔은 아이들이 게으름을 피운 우리들을 깨우곤 했다. "선생니–임. 선생니–임" 화들짝 일어나 시계를 보면 7시. 시계와 상관없이 해가 뜨면 일어나 들에 나가고, 해가 지면 돌아오는 농가의 하루에 우리 아이들의 하루도 함께한다. 부스스한 머리에 립스틱은 고사하고, 세수도 못한 민낯의 선생님들을 빤히 쳐다보는 아이들에게 문을 열어주고 들어오게 한다. 아직 몇 명 오지 않아 교사숙소에 아이들을 들어오게 하고 우리들은 세수도 하고 옷도 갈아입는다. 요즘 같으면 어른들이 준비할 때 TV를 보게 하거나 핸드폰을 주어 아이들 주의를 다른 곳으로 돌릴 수 있지만, 그때는 아이들이 어른들의 부족한 면을 보며 참견도 하고 거들기도 하며 시간을 보냈다. 나중에 온 아이들도 어린이집 교실로 올라갔다가 아무도 없으면 자연스럽게 교사숙소로 내려오곤 했다. 참 바지런하고 예쁜 아이들이었다.

농한기인 겨울은 아이들이 좀 더 여유롭게 온다. 빨리 와야 8시쯤 오는 아이들을 교사숙소로 데리고 와서 몸을 녹이고, 아이들이 더 모이면 어린이집으로 올라간다. 겨울엔 난로를 미리 피워놓아야 해서 교사숙소의 잘 달궈진 연탄을 밑불로 놓고 새 연탄을 올려 온기가 채워지도록 한다. 밤새 연탄을 땔 수도 있었지만 그마저도 아끼려니, 겨울 아침 어린이집 교실은 썰렁했다. 연탄불도 처음 갈아봐서, 숱하게 꺼트려 아이들과 추운 교실에서 동동거리기도 했다. 마른반찬은 전날 미리 준비해놓지만, 국이나 금방 해야 하는 반찬은 급식당번 선생님이 교실과 주방을 오가며 하고 보육당번 선생님은 5살부터 7살 아이들 20여 명을 돌본다. 자연히 큰 아이들이 작은 아이들을 데리고 놀거나 돌봐준다. "수지야 이것 좀 도와줄래? 아래 주방에 계신 선생님께 우리들 밥 먹을 준비 다 되었다고 말씀드리렴." 당시 갓골어린이집의 교육은 교사가 일방적으로 가르치기보다는 사계절과 절기 리듬을 중심으로 함께 어울리고 생활하며 아이들의 자연스러운 성장을 지원하는 것이었다.

●●

쌀뜨물로 끓인 콩나물국

우리 집은 직장에 다니는 어머니 대신 외할머니가 살림을 해주셨다. 부지런하신 외할머니는 우리 4남매가 학교생활에만 전념할 수 있도록, 당신의 큰딸인 나의 엄마가 직장생활을 편히 할 수 있도록 집안일을 도맡아 하셨다. 고만고만한 터울의 4남매가 야간 자율학습까지 하며 입시를 치를 땐, 도시락을 1인당 2개씩 싸주시곤 했다.

청소며 빨래도 깡마르고 자그마한 몸의, 담배와 막걸리로 화를 삭

이시던 외할머니의 몫이었다. 난 외할머니를 무척 좋아했지만, 늘 집안일을 도맡아 하시던 것을 당연하게 여겼다. '할머니가 얼마나 힘드셨을까?'라는 생각을 하게 된 것은 내가 결혼을 하고 살림을 하게 된 후였고, 그나마도 할머니가 돌아가신 후였다.

그러다 갓골에 오니 선생님들이 조리사 역할도 하고 있었다. 두 숙 선생님은 요리도 잘하셨다. 아이들 음식을 준비할 때는 맛있게 먹을 아이들을 생각하며 즐겁게 다양한 조리법을 동원했다.

처음 한 달은 작은 숙 샘이 주방일을 도맡아 하셨다. 드디어 내가 점심 당번이 되었다. 점심 메뉴로 미역국이 있던 날, 난 그냥 미역을 넣으면 미역국, 된장을 넣으면 된장국이겠지 하며, 물을 받아 미역을 넣고 끓이다 간장으로 간을 하였다. 맑은 국물을 보고 작은 숙 선생님이 "참기름으로 미역을 달달 볶다가, 쌀뜨물을 넣고 끓여야 좋은데…." 하며 아쉬워 했다. "네? 쌀 씻은 물을 쓴다고요? 왜요?"

얼마 후, 내가 또 점심당번이 되었다. 그 날은 콩나물국. 나는 주저하지 않고 쌀을 씻고 난 뽀얀 쌀뜨물에 콩나물을 넣고 끓였다. 그래도 콩나물을 참기름으로 달달 볶지 않은 것이 얼마나 다행인지… 맑아야 할 콩나물국이 뿌옇자, 무얼 넣었냐며 물어보신다. 나는 당당히 대답했다. "쌀뜨물이요."

한 살밖에 차이가 안 나는 철딱서니 없는 동생을 바라보던 작은 숙 선생님 표정이 지금도 선하다. 그래도 뭐, 맛은 그럭저럭…. 그렇게 난 갓골어린이집에서 쌀뜨물과 미역과 콩나물과의 궁합을 알게 되었다.

●●

김치와 재주

주중에는 아이들과 지내고, 주말이면 농사일을 도우러 가기도 하고, 김치를 담그고 대청소나 손빨래를 하면서 보냈다. 하루는 두 숙 언니가 소풍갈 곳을 사전답사한다며 나가셨다. 나는 오랜만에 아무도 없는 교사숙소에서 뒹굴뒹굴하며 지냈다. 얼마만의 혼자 시간인가?

그런데 답사를 다녀온 작은 숙 언니가 화가 나셨다. 가기 전에 김치를 담그려고 배추를 절여놓았는데, 내가 손도 대지 않고 그대로 두었다고, 배추가 너무 절여져서 먹지 못하겠다고, 집에 있으면서 그런 것도 안 해 놓았다고….

김치를 담가본 적이 없는 내가 그걸 어찌 알았겠는가? 모처럼 방에서 꼼짝도 않고 있었기에, 배추가 있는지 알지도 못했다. 그때까지 김치는 두 숙 언니 담당이었다. 김치에 뭐가 들어가는지도 모르는 내가 소금에 절여진 배추를 보며 무슨 생각을 했겠는가? 결국 너무 절여졌지만 배추가 아까워 버리지 못하고 작은 숙 언니는 김치를 담갔고, 난 맛있게 먹었다. 언니들 음식솜씨는 최고였다. 내 음식솜씨는? 다른 손재주도 별로 없다. 그럼 난 도대체 무슨 재주가 있을까?

유치원 선생님 하면 보통 손재주 좋고, 노래 잘하고 춤도 잘 추는 만능 재주꾼이길 기대한다. 그럼 '나'처럼 별 재주가 없는 사람들은 유치원 선생님을 할 수 없는 것인가?

난 어릴 때부터 아이들을 좋아했다. 아버지 근무처 아파트 관사에서 살 때, 내가 이웃집에 놀러 가면 몇 시간이고 아이들과 놀아주니 아줌마들이 무척 좋아하셨다. "루미야. 놀러오렴." 아이들은 아이들에게는 낯을 안 가리는 법. 대부분 살림과 육아를 전담하던 그때의 여성들에게 나는 잠깐이라도 숨 쉴 틈을 준 듯하다. 난 그렇게 아이들 좋아하는 것 하나로 여기까지 왔다. 별로 잘 하지는 못했지만, 유아교육에 그리 흠집을 내지도 않은 듯하다. 오히려 '아이들만'이라는 중심을 잡고 있었기에 흔들리지 않고 왔을 수도 있다. 유치원 선생님에게 중요한 덕목은 재주보다는 아이들에게 끌리는 내면의 자석을 간직한 게 아닐까?

●●

동대문시장

그때는 그리 풍요로운 시대가 아니어서 절약이 미덕이었다. 보육료는 최대한 적게 받으려 했고, 아이들에겐 최대한 좋은 것을 해주고 싶었다. 자연스럽게 우리는 아끼려는 노력을 부단히 했다. 하얀 종이 대신 갱지를 사용했고, 색지가 필요하면 도화지에 물감을 칠해 사용하곤 했다. 종이퍼즐도 박스를 잘라 만들어주고는 했다. 그래도 꼭 사야 할 것이 있게 마련이다.

생일잔치를 위한 부케 재료, 종이, 다양한 천, 부직포, 놀잇감 등은 도매로 사면 지방에서 소매로 사는 것에 비해 훨씬 쌌다. 1년에 한두 번 날을 잡아 동대문시장을 여기저기 다니며 물건을 사서, 이고 지고 왔다. 이때만 해도 택배가 없었다. 택배의 전신격인 소포가 있긴 했지만, 이 또한 우체국으로 직접 찾으러 가야 했다. 이른 시간에 기차를 타고 올라가 시장을 다니다 보면 점심 먹는 것도 아까워, 건너뛰기도 했다. 열심히 일하시는 농촌 부모님들, 후원회원들께 보답이라도 하듯 스물셋, 스물넷 처자들은 바리바리 장을 봐서 아이들이 있는 곳으로 달려가곤 했다. 어린이집에 도착하면 어느 새 밤이었다. 고추장에 밥을 비벼먹으면서도 그렇게 뿌듯할 수가 없었다.

●●

「갓골」 회지

1984년부터 가정 · 지역사회와 소통하고 교류하려는 노력과 투명한 살림살이 내역을 공유하기 위해 「갓골」이라는 회지를 분기별로 발행하였다. 교육적인 글은 원장님이 쓰셨고, 선생님들은 아이들 일화를 엮어서 넣었다. 후원회비와 보육료 수입, 세부 지출 내역도 실었다. 홍동지역 근황이나 좋은 생활정보도 있었고, 선생님들이 수필처럼 쓰는 난도 있었다. 당시만 해도 지역소식지나 신문이 없던 때라, 100부 정도를 발행하여 학부모, 지역사회 기관, 이사회, 후원회에 보내는 알찬 소식지였다.

86년도 새 학기를 맞아 처음 발행되는 「갓골」 회지 선생님 글은 내 몫이었다. 제목은 '또 하나의 님'. 내용이 어렴풋이 기억난다. 하느님, 서방님, 원장님, 선생님 등 세상엔 많은 '님'이 있는데, 내가 '또 하나의 님'이 되어, 그 많디 많은 의미 없는 '님'을 또 만들면 어찌하나, 곧 의미 없는 '님'이 되어서는 안 된다는 걱정 반 다짐 반의 글이었다. 이후로도 나는 회지와 가정통신문 등, 자의 반 타의 반으로 계속 글을 쓰게 되었다. 내 문체를 굳이 분류하라고 하면 '어린이집 문체' 혹은 '가정통신문체'이지 싶다.

갓골어린이집 회지.

사회에 첫발을 디디며, 걱정한 '또 하나의 님'이 30여 년이 지난 지금을 돌아보게 한다. 나 또한 이 시대 넘쳐나는 '또 하나의 님' 중에 하나인가?

●●

등사기

갓골어린이집은 지역 사회 네트워크를 중요하게 여겼다. 아이들을 데려다주고 데려갈 때 부모님들과 이런저런 이야기를 나누고, 각종 회의를 하고, 가정통신문과 교육안내문, 분기별 회지까지 발행하는 등 다방면으로 소통하려는 노력을 하였다.

안내문이나 회지는 등사기로 직접 만들었다. 등사기는 80년대 여러 사람들이 읽을 자료를 만드는 데 유용한 도구였다. 뾰족한 펜으로 먹지에 글씨를 쓰고, 갱지 위에 대고 잉크를 묻힌 롤러로 밀면 여러 장의 안내문을 만들 수 있었다. 가끔은 먹지에 그림도 그려 장식을 하곤 하였다. 손이고, 옷이고 여기저기 잉크가 묻지만, 그래도 이게 어디냐며 즐겁게 롤러를 밀던 생각이 난다. 손의 힘이 고르지 않으면 한쪽은 진하고, 한쪽은 잘 보이지 않게 된다.

당시 대학가에서도 유인물을 만들어 돌릴 때 유용하게 사용된 것으로 안다. 87년이던가? 동네 청년들 몇이 모였다. 가만있으면 안 되겠다, 뭐라도 해야 하지 않겠나. 한창 나이 젊은이들이 죽음을 무릅쓰고 군부독재 정권에 맞서던 때였다. 난 학생 때도 안 했던 운동을 갓골에서 하게 되었다. 대부분의 사람들이 내가 운동권이어서 농촌에 봉사하러 왔다고 한다. 반박하면 말이 길어지거나, 겸손하다는 혹이 더 붙게 될 것 같아, 그런 말이 나오면 나는 다른 방향으로 말을 돌리고는 했다. 이 자리를 빌려 솔직하게 정체를 밝히면, 난 머리로는 알았지만 겁이 나서 행동은 하지도 못했고, 더군다나 학생운동보다는 야구나 테니스를 더 좋아하였다. 우리는 며칠 걸려 8절 크기 한 장의 성명서 문구를 작성하고, 누군가 들이닥칠까 문을 꼭 잠그고 교사숙소에서 밤새 등사기로 밀어 유인물을 여러 장 인쇄하였다.

한 사람은 오토바이를 운전하고 한 사람은 뒤에 타는 방식으로 2조로 나뉘어 어두운 새벽에 어린이집을 나섰다. 아침에 일어나 우리의 성명서를 읽으리라는 기대로, 동트기 전 새벽에 각 집 앞에 성명서를 두고 오기로 한 것이다. 나는 오토바이 뒤에 타고 덜덜 떨며 성명서를 집 앞에 놓고, 다시 타고 다른 집으로 가서 집 앞에 놓고 하기를 반복했다. 시골 집들은 여기저기 흩어져 있어, 얼마 돌리지 못했는데, 벌써

동이 트고 있었다. 마음은 바쁘고, 두렵고 그러다 개가 짖기라도 하면 대문에서 멀리 떨어진 곳에 던져놓고 도망치듯 빠져나오기도 하였다. 잠시 후 사람을 구분할 수 있는 아침이 되었고, 나는 오토바이 뒤에 타고 달리며 남은 성명서 뭉치를 길가에 뿌리기도 하고, 여러 장을 한꺼번에 뭉텅이로 놓고 오기도 하며 일을 마쳤다. 돌아오는 길에 오토바이를 운전했던 친구가 "너무 성의 없이 둔 것 같아. 저러면 사람들이 읽지 못할 텐데…." 하지만 겁쟁이인 나는 그 이상으로 할 순 없었다.

우리가 만든 성명서는 군사독재 체제의 부당함과 곧 있을 제13대 대통령 선거에 올바른 투표권을 행사하여 민주주의를 이루자는 내용이었다(1987년 12월 16일 제13대 대통령 선거를 앞둔 시점이었다. 우리를 포함한 여러 사람들의 노력에도 불구하고 노태우가 대통령이 되었고, 다시 대한민국은 군부정권을 벗어날 수 없는 절망적인 상황에 놓였다.). 당시 그런 열망 말고 다른 무엇이 있었겠는가? 우리는 성명서를 돌리고, 각자의 집으로 흩어졌다. 아침이 밝아왔다.

아무 일도 없었다는 듯 행동하면서도 혹시 우리 성명서를 읽은 사람들이 있지나 않을까? 하는 기대로, 그래도 가만있지는 않았다는 안도감으로 내 젊음이 그리 부끄럽지 않았다.

함께 했던 친구는 농촌 총각과 결혼해서 정착을 하였고, 나를 태웠던 오토바이 사나이는 신랑과 함께 풀무학교를 나온 친구로, 풀무학교 후배와 결혼하여 축산과 유기농업을 하며 옆 동네에서 잘 살고 있다.

●●

진공청소기

어린이집은 마룻바닥이었다. 마루 가운데에는 어디서 얻어온 게 틀림없는 커다란 카펫이 깔려있었다. 보일러 없이 연탄난로만으로 난방을 하던 때라 아이들이 가고 난 후 매일 청소를 했지만, 카펫 청소는 빗자루로는 역부족이었다. 너무 크고 무거워 이불처럼 양쪽에서 잡고 털 수도 없었다. 청소도 빗자루와 대걸레로 하던 시절, 1년에 2차례 정도 진공청소기를 빌려 대청소를 하곤 했다.

풀무학교 선생님이자 학부모였던 가정에 그 귀한 진공청소기가 있었다. 어른 걸음으로 왕복 30분 정도 거리에 있던 집에서 작은 숙 언니와 나는 청소기를 빌려다 썼다. 빌려온 청소기를 쓰는 날만큼은 카펫이며 마룻바닥 사이사이를 오랫동안 공들여 청소하곤 하였다. 흔치 않던 것이었고, 사용도 서툴렀을 텐데 선뜻 내주신 부모님께 이 자리를 빌려 감사드린다. 이외에도 이 분들은 아이들 놀잇감, 주방용 그릇, 위에서 말한 커다란 카펫 등 어린이집에 꼭 필요한 물품들을 후원하셨고, 시골살이가 어려운 젊은 선생님들에게 상담도 해주시며 여러 해에 걸쳐 많은 도움을 주셨다.

그래서인가? 요즘 선생님들이 내가 보기엔 쓸 만한 청소기도 잘 안 된다고 바꿔달라고 하면, 이리저리 고치고 닦아서 더 쓰게 한다. 그리고 더 잘 간수하게 한다. 86년, 87년, 지금에 비하면 성능이 훨씬 떨어졌을 청소기를, 두 처자가 신주단지 모시듯 떠받치고 오던 생각이 나서 말이다. 그리고 그것으로 청소하면 느껴지던 개운함과 뿌듯함 또한 이유가 되리라.

●●

보육운동

지금은 보육, 보육료란 말이 보편화되었지만, 그 당시엔 보육이란 말을 거의 사용하지 않았다. 이는 1992년 영유아보육법이 제정되면서 보편화된 말이다. 유아교육을 전공했지만, 난 보육, 보육료란 말을 갓골어린이집에서 처음 들었다. 좀 시야가 넓어졌을 때 보니 우리나라 보육운동은 갓골을 비롯한 농번기 탁아소 운동, 해송아기둥지 등 도시 빈민 육아운동 등 취약계층 보육운동에서 비롯되었다고 볼 수 있었다. 80년대를 지나며 더욱 소외된 농촌과 빈민 탁아를 위해 헌신했던 모든 선생님들의 눈물과 땀 그리고 잇달아 일어났던 어린 아이들의 죽음은 1991년 영유아보육법을 이끌어내었고, 이후 대한민국 보육운동의 밑거름이 되었다. 1990년. 혜영, 용철 남매는 엄마가 파출부 일을 나가며 아이들이 밖으로 나가면 위험할까 봐 문을 잠갔는데, 방안에 있는 성냥으로 불장난을 하였고 이는 옷장과 옷가지로 옮겨 붙었다. 불은 옷장과 옷가지를 태우는데 그쳤지만 안타깝게도 이들 남매는 모두 질식사하고 말았다. 1년 후 인천의 세쌍둥이가 잠긴 셋방에서 화재로 숨지는 사고가 또 일어났다. 이 사건들은 당시 사회에 큰 충격을 주었으며, 1991년 영유아보육법이 제정되는 계기가 되었다.

"엄마에게 일할 권리를, 아이들에게 보호받을 권리를!"

1980년대에 들어오면서 산업구조의 재편으로 기혼 여성들이 노동시장으로 대거 유입되었고, 이들이 전체 여성노동자의 절반을 차지하게 되었습니다. 일하는 어머니의 급증은 아이는 집에서 키워야 한다는 기존의 방식을 전환시켜 자녀들의 안전한 보호와 건강한 성장을 위한 보육을 사회적인 욕구로 높이는 계기가 되었습니다. 그러나 70년대 말까지의 아동보육에 관한 정책은 전무한 상태였습니다. 1982년, 교육과 탁아 기능의 통합을 위한 "유아교육진흥법"을 제정하고, 이에 따라 '새마을 유아원'이 대거 확대되었습니다. 그러나 새마을 유아원의 파행적 운영으로 인하여 보육의 기능이 전면 상실되는 결과를 낳았고 특히 저소득층 가정의 자녀들이 그대로 방치되는 심각한 상황을 초래하게 되었습니다. 이러한 상황에서 1986년 주로 수도권 빈민지역에서 각각 활동하던 탁아소 활동가들이 다년간의 탁아 경험을 토대로 탁아활동에 대한 공유와 공동의 활동방향을 모색하기 위해 지역사회아동교사회를 만들게 되었습니다. 지역사회아동교사회는 1987년 6월 '지역사회탁아소연합회'로 명칭을 변경하였습니다(한국보육교사회 홈페이지 중).

우리는, 나는 이들을 기억해야 한다.

●●

일손 돕기

농촌에 왔고, 농촌 아이들을 돌보니, 농촌을 이해해야 한다고 생각했다. 두 숙 선생님들도 그렇게 지내왔으니, 자연스레 주말엔 농사짓는 아이들 집으로 일손을 거들러 다녔다. 사실 아무것도 모르는 나 같은 사람이 일손을 돕는다는 말은 잘못된 것이었다. 좋은 의도로 시작하였으나, 하다 보니 일도 잘 못하고, 부모님들은 선생님이라 어려워하시기도 했다. 그래서 아이들 집으로 가는 대신, 농민회원 집이나 풀무학교에 일이 있을 때 가게 되었다.

모내기와 벼 베기, 담뱃잎 고르기, 김장 등을 다녔다. 거머리에 물리고, 낫에도 베였지만, 들밥과 참으로 먹는 막걸리 맛은 일품이었다. 빵도 집에서 직접 가마솥에 불을 때서 쪘는데, 그렇게 맛있을 수가 없었다. 굽지 않고 쪄서인지 더 부드럽고 맛있었다. 때마다 완두콩, 강낭콩, 검정콩, 옥수수 등을 넣은 찐빵은 품앗이로 농사일을 하던 당시 아주 좋은 '참'이었다. 사실 우리들은 일을 돕기보다 옷 버리고, 다치고, 물리고, 일일이 가르쳐야 해서 귀찮고 손이 더 많이 갔을 텐데도 마다않고 지켜봐주시고 정성스럽게 대접해 주신 마을 분들이 스승이었다.

●●

일일찻집

어린이집 재정은 늘 빠듯했다. 보육료와 정기 후원금만으로는 시설 보수나 낡은 장비, 교재 · 교구 등을 교체할 수 없었다. 어린이집 이사회는 교육이나 운영 방향을 논의하는 자리였지, 여느 이사회처럼 재정을 책임지는 구조는 아니었다. 하여 후원금을 마련하기 위한 일일찻집을 가을걷이가 끝나고 겨울준비를 마치는 12월에 홍성과 서울에서 하였다.

홍성에서 일일찻집을 할 적당한 곳을 찾아 읍내를 돌아다녔다. 마침 찾아오기도 좋고 규모도 적당한 명동 네거리 2층에 있는 마당 찻집에 들어가 '갓골어린이집에서 왔다. 농촌 어린이집이라 어렵다. 후원금 모금을 위한 일일찻집을 하려 한다. 임대료를 싸게 해달라.'며 이야기했다. 다행히 주인장이 갓골어린이집을 알고 있었고 취지에 공감하여 임대료를 아주 싸게 해주셨다. 이때부터 몇 번 단순히 차를 마시고 찻값을 내고 하는 찻집이 아니라, 지금으로 하면 '토크 콘서트'처럼 일일찻집을 진행하였다. 사회자가 어린이집 소개를 하고, 원장님과 이사님들 소개도 하고, 원하는 분들은 한 말씀씩 하기도 하고, 아이들은 노래와 율동으로 자리를 빛냈다. 가족이 노래를 하기도 하고, 동네 청년들의 축하노래, 선생님들의 노래 시간도 있었다. 조촐하지만 서로를 격려하고, 주변에 갓골어린이집을 알리는 시간이었다. 지나가다 차를 마시러 온 분들도 합세하여, 홍성 읍내 한복판에서 갓골어린이집으로 하나가 된 날이었다.

서울의 일일찻집엔 한벗회 백진앙 선생님과 후원자이신 박금자 선생님 도움으로 도시 한복판에서 비싼 임대료 걱정을 안 하고 할 수 있었다. 토요일에 해서 후원자들도 오시고, 그분들이 다른 분들을 모시고 오셔서 제법 풍성한 찻집을 열 수 있었다.

홍성에서는 원장선생님과 이사님들, 몇몇 학부모님들 그리고 찻집을 도와줄 분들이 함께했고, 풀무학원 이사들도 오셔서 후원과 격려를 해주셨다. 우리는 서울에 있는 친구, 가족들을 초대하였다. 우리는 아이들 그림을 전시하고, 회지를 나눠 드리며 홍보도 하고, 지역의 들기름과 고춧가루 등을 포장해서 판매하기도 하였다. 후원회분들과 인사도 나누고, 갓골어린이집에 대한 이야기를 나누는, 지금 돌아보면 농촌 유아교육의 필요성과 중요성을 알리는 자리였다. 지금처럼 다양한 홍보수단이 없던 시절, 갓골은 참 다양하게 자신을 알렸다. 그러니 서울에서만 자라온 내 삶에까지 갓골어린이집이 다가올 수 있었으리라.

●●

바라지후원회

1986년도 보육료는 월 6천 원-8천 원이었다. 이마저도 가정형편이 어려우면 더 적게, 혹은 무료로 보육을 하였다. 학부모들은 보육료 대신 농산물을 가져오기도 하셨다. 어차피 급 · 간식 재료를 사야 하니, 보육료 대신 쌀, 감자 등을 받기도 했다. 86년 선생님들 급여는 월

10만 원 정도. 그나마 내가 오기 전에는 그보다 적었고, 초기엔 일정한 급여도 없이 일하셨다고 한다. 보육료로 선생님 2명의 급여, 급 · 간식비에 교육 물품, 연료비에 공공요금을 내면 적자였다.

운영이 가능했던 것은 '바라지' 후원회가 있었기 때문이었다('뒷바라지 한다'라는 말에서 따온 갓골어린이집 후원회 이름이다.). 바라지 회원들을 몇 천 원부터 몇 만 원까지 꾸준히 후원을 했고, 그중에서도 박금자 선생님은 헌신적인 후원자 중 한 분이셨다.

바라지후원회는 84년부터 시작되었다고 한다. 박금자 선생님이 주축이 된 과천지역 분들, 풀무학교 후원자이면서 갓골어린이집도 후원하게 된 몇몇 분들, 그리고 홍성지역 후원자들이 계셨다. 풀무학교 선생님들도 기꺼이 후원을 하셨고, 우리들의 지인들도 후원회에 가입했다.

매달 들어오는 후원회비와 아이들에게서 받는 보육료로 갓골어린이집은 수입과 지출 계획을 세울 수 있었다. 적은 예산이더라도 알뜰히 금전출납부를 쓰며 수입과 지출을 관리하기 시작하면서, 운영이 자리를 잡기 시작했다. 적지만 교사 급여도 상시 지급하고, 84년 5월부터는 아이들에게 오전 간식과 점심 그리고 오후 간식까지 주고 집에 보내는 종일보육을 하는 등 농촌 실정에 맞는 보육기관으로서의 역할을 하게 되었다.

84년 초 박금자 선생님은 난지도에서 활동하다가 갓골어린이집 선생님으로 누군가 왔다는 이야기를 듣고 감동하셨다고 한다. 그래서 후원을 시작했고, 과천지역에서도 후원자를 모집해서, 월 10만 원을 매달 입금하셨다. 이때 보육료가 6천 원−8천 원었으니, 10만 원이면 대략 12~16명의 한 달 보육료였다. 게다가 은행 자동이체나 뱅킹제도도 없어 매달 은행에 가는 번거로움을 감수해야 했다. 선생님은 대단한 부자도 아니었고, 아이들이 아직 어려 살림을 하는 주부였는데, 그런 실천을 하셨다. 이 후원은 갓골어린이집이 사회복지법인 인가를 받기 전까지 이어졌다. 참으로 대단하고 고마운 분이다. 박금자 선생님의 헌신적인 후원이 없었다면, 반일반에서 종일반으로의 도약이나, 예측 가능한 재정을 기반으로 한 어린이집의 안정적 운영과 다양한 교육적 성취는 많은 부분 미약한 수준에 머물렀으리라.

풀무학교와의 인연으로 갓골어린이집에 후원을 시작하셨지만, 참 세세하게, 예쁘게, 후원을 하신 분이다. 뭉텅이로 내놓는 한 번의 후원보다 몇 배 정성과 배려가 요구되는 일일 터였다. 참 꾸준히 갓골어린이집의 어려움을 함께 고민하고 배려해주신 분이다.

감동을 일으키는 사람들이 있는, 무언가를 해주고 싶은 곳

박금자 • 바라지 후원자, 이영숙, 조진숙 동석

2017년 5월 26일 박금자 선생님을 만났다. 5월 26일 박금자 선생님을 만나기 위해, 두 숙 언니와 일산으로 향했다.

제라늄과 패랭이꽃이 있는 작은 마당으로 반갑게 나오시는 선생님. 30년 만인데, 이 친밀함과 자연스러움은 뭐지? 반가운

수다를 떨고, 선생님이 운영하시는 'The Red Basket Shop'를 둘러본다. 멋있는 등공예 작품, 그림들, 소품들이 어우러진 내부는 그 자체로 갤러리다.

최루미 등공예는 언제부터 하셨나요?

박금자 83년부터. 결혼하고 서울로 올라가서. 당시에 진학해서 공부를 더할까, 아니면 다른 걸 할까, 고민하다가 강남 도곡아파트에 갔더니, 등공예가 일본에서 처음 들어온 거야. 나는 원래 만드는 것을 좋아하니까. '저거 만들면 되겠다.' 해서 시작했지.

최루미 갓골어린이집 후원은 언제부터 하셨나요?

이영숙 84년 3월부터 바로 후원을 시작했던 것 같아. 처음에 롤케이크를 사오신 것이 기억나. 계단집(교사숙소)에서 롤케이크를 먹으면서 인사를 나눴고 도와주시겠다고 하셨어.

박금자 난지도에서 누가 왔다고 해서 보고 싶어서 갔었지.

최루미 선생님뿐만 아니라, 바라지후원회가 있었지요?

박금자 내가 만들었지. 첫해 바라지는 부산에서 했었지. 부산 보건병원 원장님이던 장기려 박사님이 오랫동안 바라지 회장을 해주셨어.

최루미 갓골어린이집을요?

박금자 아니 갓골 말고 풀무학교 후원을 해주셨지. 바라지가 따로 따로 있었나?

조진숙 네 갓골바라지하고 풀무학교 후원은 따로였어요.

최루미 우리는 선생님 중심이었던 듯해요. 선생님과 다른 분들 이름도 있었어요.

이영숙 최태사 선생님 이만 원, 다른 분들 오천 원, 만 원, 정태시 학장님도 하셨고….

박금자 그러면 갓골어린이집과 풀무학교 바라지는 별개였나 보네.

최루미 갓골바라지 후원은 영숙, 진숙 언니 때부터 시작된 듯해요. 그전에는 점심을 안 주고 간식만 먹여서 12시에 보냈다고 해요.

조진숙 우리도 처음엔 점심 안 줬어. 그리고 아래 건물을 식당으로 활용할 수 있게 되서 했지, 처음엔 안 줬어.

이영숙 식판, 그 누런 식판을 어디서 얻었더라?

조진숙 풀무학교에서요. 그 누렇고 큰, 아이들에게 가당치도 않은 큰 것들을 얻어서 했어요.

최루미 84년부터 점심도 주게 되고 급여도 나갔어요.

조진숙 4만 얼마 나갈 때도 있고, 급여를 따로 받은 게 아니라, 차비로 받았어, 돈이 있으면 차타고 서울에 가는 거야.

이영숙 회계보고를 하고 남으면 받곤 했지.

최루미 회계보고를 하고 간식 두 번과 점심을 주게 되고, 보육료도 받았지요. 어떤 집은 무료로 하고.

조진숙 쌀로도 받았어.

이영숙 차등으로 받았지. 굉장히 어려운 아이들은 무료로 다녔지.

조진숙 무료로 하다가 미안하면 뭐라도 갖다 주곤 했지.

최루미 선생님은 어떻게 후원을 월에 10만 원씩이나 하셨어요? 당시에는 굉장히 큰 돈인데.

박금자 10만 원이 기본이었어.

최루미 다른 분들은 만 원, 이만 원. 몇 천 원도 있었어요. 당시는 오천 원도 적은 돈이 아니었어요.

박금자 과천에서 주변에 같이 살던 사람들이 얼마씩 후원하면 어쨌든 10만 원을 채워 보냈지. 어린이들 서울여행 왔을 때 같이 동행해준 분들 한 세 분 정도. 모세 엄마하고, 한별이 엄마하고, 그 분들이 오래는 못했지만, 그 무렵은 같이 바라지 후원을 했지.

조진숙 그때만 해도 서울여행은 용감했어. 서울여행 대단했지. 서울을 안 와본 아이들이 대부분이었어. 기차로 태워서 2박 3일. 에스컬레이터도 처음인데, 제일 긴 데를 태워준다고 일부러 이대 앞에 가서 아이들을 다 태워줬어.

이영숙 진짜 용감했어.

박금자 어린이대공원과 그림책 만드는 인쇄소도 데려갔었지.

최루미 84, 85, 86년이었어요. 지금부터 33년 전이에요.

이영숙 아이들이 서울 갔다 오면 침대에서 자고 싶다고 해서, 제 사상에 이불 깔고 재우다가 아이들 굴러 떨어지고 그랬다고…

엄마들이 그랬지.

조진숙 아이들이 침대를 처음 봐서.

박금자 일부러 경험하라고 다른 친구 집에 재우는 거 했잖아.

이영숙 마음을 모아서 같이 해서, 불가능이 가능하게 된 거야

최루미 갓골회지는 계속 받으셨지요?

박금자 1년에 3-4번 받았던 것 같아. 크리스마스카드에 사진 넣어서 보내고, 아이들 그림편지도 받고.

최루미 서울에서 일일찻집도 했어요.

조진숙 내 기억으로는 중앙일보 지하에 있는 곰다방에서 한 것 같아.

이영숙 그때 백진앙 선생님이 주선해주셨어. 그래서 한벗회 식구들이 많이 오셨어. 라이브로 노래도 하고.

조진숙 상황중심 유아교육에 대해 잘 알지도 못하면서 얼마나 열심히 떠들어 댔는지….

최루미 84년 이전 선생님들 인터뷰를 하면, 사는 게 너무 바빠서 뭔가를 할 수 없었다고 하더라구요. 하지만 86년에 제가 왔을 때는 흥미영역도 다 나눠져 있고, 피아노도 있고, 놀잇감도 꽤 있었어요.

조진숙 그때는 정승관 선생님 댁 도움도 많이 받았지. 양탄자, 놀잇감 등.

박금자 난 책도 많이 갖다 줬어. 필요하다고 하면 무조건 갈 때마다 실어다 주었지. 지금도 우리 큰애가 이야기를 해. 엄마가 자

기 좋아하는 전동기차 장난감을 갓골어린이집에 갖다 주었다고. 내가 처음 갔을 때는 정말 시골집이었고 부엌이 어린이집 안에 있었어. 나 거기서 한 번 자고 오기도 했어. 정말 열악하다는 생각이 들었지.

이영숙 언니가 처음 홍순명 선생님과 오셨는데, 말을 얼마나 예쁘게 하시던지… 빵을 사오셨고 앞으로 도와주겠다고….

조진숙 아래 계단집 교사숙소에서 주무셨을 거야. 풀무학교 영어선생 케빈이 황연하 선생님과 같이 지었지. 식가공 공장으로.

박금자 시골집에서 잔 기억이 있어.

조진숙 습해서 침대를 사용했는데, 나무판자에 이불을 깔고 잤지.

박금자 고생 많이 했어.

최루미 그렇게 후원했는데, 점점 선생님 구하기가 어려워지고, 후원자들도 점점 줄어들었어요. 어린이집에 위기가 와서 인가를 받게 되고, 사회복지법인을 받았어요. 제가 죄송한 게 감사 인사를 못 드린 거예요.

박금자 그 당시 홍 샘께 이야기를 듣고 "저도 이 정도에서 그만해도 되겠지요." 하며 후원을 마쳤지. 풀무학교도 우리 아이들이 다니고 난 다음엔 자립이 되었어. 학교 다니는 동안 나는 뒤에서 지원을 해오다가, 등공예작품으로 지원하면서부터 금전적 지원은 안 하는 것으로 했지.

최루미 홍동에서 바자회 하면 늘 선생님 등공예 바구니가 있었지요.

박금자 내가 돈이 많아서 한 것은 절대 아니야. 마음이지. 내가 지금 부족하고 어려운 건 아니지만, 돈이 많아서 그런 건 아니야.

최루미 뭐가 동인이 되었을까요?

박금자 그냥 마음이지. 갓골어린이집은 솔직히 두 선생님 이야기 듣고 움직인 마음이 50퍼센트 이상이었어. 도시에서 그것도 난지도에서, 어찌 생겼는지도 보고 싶다고 하니, 경곤이 아빠가 가보자고 했고, 내가 알게 하든 모르게 하든 한 번도 경곤이 아빠가 뭐라 하지 않았어.

최루미 마지막 갓골 어린이집 방문은 언제하셨나요?

박금자 곽 선생님이 원장 할 때. 궁금했지. 얼마나 잘하나. 바구니를 한 차 싣고 갔어. 수납바구니 갖다 주러 갔지. 아이들 낮잠 재우고, 둘이서 참 갓골 많이 변했다 그랬네. 유기농 요구르트, 그것을 아이들에게 주고 있더라고, 내 생각이 농촌도 거의 평준화 되었구나. 갓골은 특수한 경우이긴 한데 그래도 혜택이 있구나. 마음이 놓였어.

최루미 그때 역사가 있어서 지금도 브랜드 가치가 있어요.

박금자 아이들이 홍성 읍내에서도 온다고…, 낮잠 재우는 걸 보고 와서, 낮잠 이불 만들어 줄 거라고 원단을 샀어. 지금도 수란리 집에 가면 원단이 이만큼 쌓여 있어. 시간 나면 만들어 줄 거라고 하고서는 까맣게 잊어버렸어.

최루미 갓골어린이집 아이들 만들어 준다고요?

박금자 응. 아기들 낮잠 재운다고 이렇게 덮어주더라고. 베개도 그렇고, 내가 저거 만들어주면 좋겠다고.

조진숙 언니의 발상은 늘, 내가 저기서 무얼 할 수 있을까를 생각하는 마르지 않는 샘이네.

최루미 어린이집을 해도 잘 하셨을 것 같아요.

박금자 뭐든 최선을 다하니까, 구둣방을 해도 잘했겠고, 열심히 했겠지.

최루미 그렇게 열심히 하는 에너지는 어디서 나올까요?

박금자 우리 어머님에게서. 우리 삶이 나아지는 길은 교육을 시키는 것이라고 생각하셨지. 굉장히 부지런하시고, 열심히 사셨지.

최루미 풀무학교는 어떻게 아셨어요?

박금자 채규철 선생님, 부산 YMCA, 장기려 박사님과 함께하는 모임에서 나보고 간호대학을 가라고 풀무학교를 보낸 거야.
채규철 선생님이 풀무학교 보낼 때, 홍순명 선생님 앞으로 편지를 써주셨어. 홍 선생님이 평교사였을 때인데, 학교에 가서 홍 선생님을 찾으니까 홍 선생님이 똥지게를 지고 계셨어. 편지를 전하니까 와도 좋다고 해서 1년간 기숙사 생활을 했지. 나는 이미 고등학교를 졸업했으니까, 청강생으로 받아준 거지.

이영숙 저는 홍 선생님을 만나러 갔는데, 연탄불을 직접 가는 거야. 골목처럼 생긴 마루를 마대로 열심히 청소하는 거야. 교장 선생님이 청소를 직접하고 연탄도 갈고 하는 것을 보며 감명 받았어요.

조진숙 난 삼양동에 있는 일심의원에 홍 선생님이 오셨는데 세상에, 신발에 흙이 잔뜩 묻어있는 거야. 도대체 간첩도 아니고… 그런 분이 이야기를 하는데, 조곤조곤 얼마나 잘하시는지… 마음에 다 와닿더라고.

박금자 참 헌신적이셨지. 인연이라는 게 참 묘하지. 부산에서 편지봉투 하나 들고 왔을 때, 충청도도 처음이었고, 그렇게 초라한 학교도 처음이었지.

조진숙 그나마 저희는 학교가 좀 더 번듯해지고 난 후에 갔지요.

박금자 그렇지. 76년인가. 본교 자리에 초가집이 있었어. 그 옆에 들꽃이 많아서 화병에 담아서 갖다 주던 기억이 있어. 기숙사 앞에는 백합이 있었지. '로렌 블라크'라는 미국인 선생님이 있었어.

최루미 갓골어린이집 개원 당시 이야기는 못 들으셨나요?

박금자 내가 결혼을 하고 후원했기 때문에 잘 모르지. 상황중심 교육이론 이야기는 들었는데, 실제로 방문한 것은 영숙, 진숙 선생 있을 때 감동받아서 갔지. 나도 뭔가를 해야겠다. 그렇게 시작한 거지. 홍 선생님께서 매일 하시는 말씀이 이랬어. "준비 10년 해야 시작할까 말까 한다, 풀무골 일이 그렇다, 오래 걸리지만 하기는 한다." 늘 그러셨지. 내 기억으로는 홍 선생님이 어떤 것을 하자고 해서 그 자리에서 오케이 한 지역사람은 한 명도 없었던 것 같아. 뭔가 가시적이 되었을 때, 아 저게 되는구나 할 때, 사람들이 다가서는 거지. 이론이 실행까지 이어지는 데는 그 시차가 한 10년 정도 난다고 봐.

최루미 홍 선생님이 어린이집을 만든다는 말씀을 그전부터 하셨어요?

박금자 내가 76년에 풀무학교에 가서부터 쭉 들은 것 같아. 외국에 이런 사례가 있는데, 기존 유치원 같은 게 아니라, 아이들이 놀이를 통해서 상황에… 그런 말을 들었어.

오래 전부터 어린이집에 대한 생각이 마음속에 있었고, 가까이 이야기할 수 있는 사람들과 대화를 하는 거지, 그러다가 결국 현실이 되는 거지.

최루미 그럼 진숙 언니는 82년도에 내려오신 건가요? 누구 소개로?

조진숙 풀무학교 김현자 선생님 후배가 내 친구여서 2년을 풀무학교 기숙사에서 '엄마'로 있었어(풀무학교 사람들은 조리실에서 식사를 담당하시던 분들을 '엄마'라고 불렀다.).

최루미 어떻게 갓골어린이집에 가시게 되었나요?

조진숙 홍 선생님 방에 내려가면, 난 그 방이 너무 좋았어. 책이 쌓여 있고, 가끔 커피 내려주시면 그게 그렇게 좋았어. 커피가 똑똑 떨어지는 소리도…. "선생님, 저 어린이집에 가고 싶어요. 저 어린이집 교사하는 게 꿈이에요." 하고 말씀드렸지. 그 후 이석희, 곽영란 선생님이 그만두게 되었고, 어느 날 홍 선생님이 갓골어린이집에 가서 일하겠냐고 해서 하겠다고 했지.

이영숙 카메라도 진숙 선생님 개인 걸로 했지. 우리는 진숙 선생님이 있어서 역사를 만들 수 있었어. 사진 등으로 기록을 했거든. 사진을 참 잘 찍었어.

박금자 그때 사진을 많이 찍어놨어요?

조진숙 행사 했을 때… 들에 나갔을 때….

최루미 회지도 만들고 했는데, 시간이 지나고 건물을 새로 지으면서 많이 분실되었어요.

조진숙 아랫집 벽화도 참 열심히 그렸지.

빅금자 그래. 난 가끔 가면 안 들어가도 그걸 꼭 보고는 했어.

등공예 바구니를 선물로 받고 돌아오며, 이렇게 뒤돌아보는 시간이 나와 우리에게 필요한 시간이었음을 느꼈다.

선생님에게 갓골어린이집은 감동을 일으키는 사람들이 있는, 무언가를 해주고 싶은 곳이었지 싶다.

●●

첫 졸업식과 수료식

"유아교사들의 직업병이라고 하면 근골격계 통증과 무리한 성대의 사용으로 인한 기침과 그로 인한 약물 만성복용의 문제도 심각하다."

–『시사저널』

1986년 가을 무렵부터 작은 숙 선생님의 몸이 신호를 보내오기 시작했다. 주방에서 오래 서있거나, 아이들을 안거나 무거운 것을 들 때, 구부리고 하는 일을 하면 아파하셨다. 몸살을 앓는 횟수도 많아졌고, 회복도 느렸다. 진통제나 보건소 주사만으로는 안 되는 지경에 이르렀다. 선생님은 서울 집으로 가서 병원 진찰을 받았고, 허리디스크라는 진단을 받았다. 당장 일을 그만두라는 의사의 권고가 있었지만, 한 해를 마무리해야 한다며, 갑자기 교사를 구할 수도 없다는 것을 누구보다 잘 아는지라 몸을 추스르며 겨우 버티던 참이었다.

작은 숙 선생님을 보내면서 갓골어린이집뿐만 아니라, 홍동 전체가 아쉬워했다. 이사회는 작은 성의 표시로 몸에 좋은 약재를 선물하기로 했다. 지금 같으면 그냥 편하게 한의원에서 조제하고 달인 일회용 팩으로 된 완제품을 드릴 텐데, 그때는 저렴하고 좋은 것을 직접 고르자며 이사님 몇 분과 날을 잡아 서울 경동 약재시장으로 갔다. 시장을 돌아다니며 골고루 약재를 고르고, 달여 먹을 수 있도록 첩을 만들어 왔다. 송별회를 하던 날, 지역을 위해 헌신한 선생님과 아쉬운 작별인사를 하며 소박하지만 정성스럽게 포장한 약재를 이사님들이 드렸다.

1987년 2월 나에게는 첫 졸업식, 작은 숙 선생님에게는 갓골에서의 세 번째이자 마지막 졸업식. 풀무학교 생활까지 선생님은 홍동에서 5년을 보냈다. 선생님은 헌신하는 태도와 따뜻한 성품, 거기다 재주까지 않은 타고난 유아교사였다. 내가 만난 유아교사 중 단연 최고였다. 그들 중 누구는 헌신하지 못하고, 누구는 재주가 없으며, 누구는 성품이 차갑기 마련이었다. 나도 그들 중 하나겠지만 말이다. 선생님은 몸을 돌봐야 하는 상황에 이르러 홍동을 떠나야 했지만, 아이들과의 시간이 아쉬웠는지 서울에서 어린이집 교사를 다시 하게 되었고, 2017년 2월 졸업식을 끝으로 퇴임했다.

●●

선생님 구하기

우리는 이별의 아쉬움을 누르고 현실을 받아들여야 했다. 후임으로는 농사를 짓고 싶다며 홍동으로 와서 어린이집에서 지내곤 했던 경이 언니가 있게 되었다.

대학에서 역사를 전공한 경이 언니는 나보다 두 살 많았다. 학교 동아리에서 풍물패, 그것도 상쇠를 해서 동네 사람들에게 사물놀이를 가르치기도 했다.

경이 언니는 어려워했지만 진숙 언니의 빈자리에 당장 올 사람이 없자 더 이상 거절하지 못했다. 새학기는 다가오고 만일 선생님을 구하지 못하면 다시 오전 보육만 하게 되거나 잠정적으로 문을 닫을 수도 있었다. 난 지푸라기라도 잡는 심정으로 언니를 잡았다. "언니, 제발…" 결국 언니는 도와주겠다며, 자기는 아이들을 잘 모르고 잘 할 수 있을지 걱정도 된다고 하였다. 농촌에 남아있으려는 젊은이들도 없고, 농촌으로 향하는 젊은이들의 발길도 점차 뜸해져 어린이집 선생님을 구하는 일은 더욱 어려워지고 있었다.

●●

1987년 봄 · 여름 · 가을 · 겨울

나는 아이들을 돌보고, 경이 언니는 주로 급간식을 준비하는 생활이 시작되었다. 쉽지는 않았지만, 그래도 1년간 두 숙 언니와 지내며 다져놓은 바가 있어 우리는 살금살금 살아갔다.

문화동어린이집도 개원 2년차가 되던 때라 봄소풍, 어린이날 행사, 여름캠프 등을 함께하며 한 학기를 보냈다.

여름캠프

갓골과 문화동어린이집이 대천으로 1박2일 여름캠프를 함께 갔다. 캠프를 준비하며 갓골과 문화동어린이집 교사들이 머리를 맞대고 '아이들은 우리의 미래'라는 현수막을 만들었다.

두 어린이집 아이들은 30명 정도였고 교사는 4명 그리고 동네 여러 자원봉사자들이 함께했다. 그동안 갓골과 문화동어린이집이 동네 마실방, 살롱의 역할을 하며 쌓아 놓은 품앗이 쿠폰을 사용했던 것이다. 청년대학, 농활, 풍물패 등의 활동과 농가 일손 돕기, 등산 등으로 친해진 몇 명의 동네 청년들이 참여했다.

여정이 보다 복잡한 것은 지금처럼 차를 대절해서 가거나, 편한 숙

박시설로 가는 것이 아니었기 때문이다. 밥솥부터 냄비, 식판, 숟가락, 젓가락, 도마, 칼 등 주방도구도 바리바리 챙겼다. 마치 일가족이 어디라도 가려면 집안 도구 일체를 챙겨가는 모양새다. 한술 더 뜨면 피난 가는 행렬이 이렇지 않았을까 싶다.

홍성에서 대천역까지는 기차로 갔다. 기차역에서 대천해수욕장 광장까지는 버스로 이동하고, 미리 예약한 여관으로 갔다. 아이들과 짐을 풀고 간식을 먹고는 바다로 나갔다. 물과 모래만으로도 세상을 다 가진 듯 아이들은 거침이 없다. 물을 좋아하는 나는 아이들과 해질녘까지 바다에서 놀고, 저녁준비는 언니들 몫이었다. 실컷 놀고 아이들과 숙소로 오면, 몸과 옷 곳곳에 묻은 모래를 씻어야 한다. 지하수의 차가운 물이 저무는 여름 볕을 무색하게 한다. 온수가 없어 찬물로 아이들을 씻길라 치면, 입술이 파래지며 도망간다. 그래도 안 씻길 수 없어 한 명은 아이를 안아서 뉘여 놓고 머리를 감기고, 한 명은 구석구석 비누칠을 하여 씻긴다. 그럼 또 한 사람이 마른 수건으로 닦고, 또 한 사람은 옷을 입히면 끝. 미리 식단을 짜서 멸치볶음, 진미채 볶음 등 마른반찬과 깻잎 절임 등은 준비해가고, 카레나 자장밥 등 아이들이 좋아하는 것으로 식단을 짜서 1박2일을 보냈다.

저녁을 먹는 동안 무시무시한 바다 모기를 쫓느라, 방안에 모기약을 뿌려둔다. 그래도 남아있는 모기는 잡아야 했는데, 벽에 붙어있는 모기를 손바닥이 얼얼하게 '퍽' 하고 잡으면 누구의 피인지, 벽지를 빨갛게 물들이곤 했다. 먼길을 오고, 바다놀이에 지친 아이들은 저녁을 맛있게 먹고 일찍 잠이 든다. 별이 촘촘히 박힌 하늘 아래서 아이들은 자고, 남은 어른들은 긴긴 이야기를 나누며 밤을 하얗게 지새곤 했다.

다시 새로운 선생님과

1987년 8월. 경이 언니는 농사를 짓고 싶다는 원래의 꿈으로 돌아가고자 하였고, 더 이상 잡을 수 없었다. 원장선생님은 아는 분의 소개로 새로운 선생님을 모셔올 수 있었다. 그 분은 여름방학이 끝날 무렵 홍동에 오셨다.

나에겐 또 언니였다. 이 막내 마법은 사회복지법인이 된 다음에야 풀렸다.

운선 언니는 유치원 경험도 있고, 손재주도 많은 분이었다.

어린이집 활동은 전과 비슷한 리듬으로 이어졌다. 계속 선생님이 바뀌는 상황에서 새로운 시도를 하는 것은 역부족이었다.

해미읍성으로의 가을소풍, 서울여행, 추수감사 잔치, 크리스마스 잔치까지 비슷한 리듬으로 진행되었다.

서울여행

87년 서울여행은 모 출판사에 근무하며 갓골어린이집을 취재한 분의 도움을 받았다. 과천 작은 아파트에 사셨는데, 아직 신혼이라 아이도 없고 주말부부를 한다며, 흔쾌히 우리를 초대해주셨다. 그 선생님과 만나 아이들과 아파트 단지를 걸어가던 생각이 난다. 가로등 아래를 걸어가며 가을바람에 흔들리던 나뭇잎들을 보며 “애들아 나무가 우리들에게 반갑다고 박수친다." 하였더니 "아… 나무가 박수를 친다고요? 정말 그러네요…." 하며 감동하시던 분이다. 아이들과 아파트에 들어가서 복닥거리면서도 내 집처럼 편하게 잤던 생각이 난다.

서울대공원.

다음 날은 과천에 있는 서울대공원에 갔던 것 같다. 기억의 조각들이 언니 덕분에 조금씩 자리를 찾지만, 많은 조각을 잃어버렸다. 아! 방송… 87년 갓골어린이집 서울여행이 라디오방송에 나왔다. 아마 출판사 선생님 덕분이리라.

87년 서울여행 퍼즐은 이 정도에서 만족해야겠다. 이것도 운선 언니 덕분이다. 나는 반백을 훌쩍 넘어서도 언니들 덕에 산다.

벼 베기

1987년, 홍동에서 맞는 두 번째 가을이다. 어린이집 마당에서 내려다보면 제법 넓은 들녘이 펼쳐진다. 오후 4시경 아이들을 보내고 어린이집 교실 정리며, 쌓아 놓은 주방 설거지를 하러 가다가, '들에 익은 곡식'을 바라보았다. 어린이집 맞은편, 길 건너 논에서 머리가 하얀 할아버지와 할머니 두 분이 낫으로 벼를 베고 계신다. 이제 곧 해는 저물고 날은 추워지는데….

한 명은 교실로, 한 명은 주방으로 뒷설거지 하러 가던 발길을 돌려,

언니와 나는 누가 먼저랄 것도 없이 논으로 들어섰다. "안녕하세요. 저기 어린이집 선생들이에요. 저희가 좀 도와드리려고요." 두 처자는 겁도 없이 낫을 들고 벼를 베기 시작했다. 다행히 어르신들의 낫질 속도가 빠르지 않아, 우리들의 서투름이 그리 표나지 않았다. 어린이집 앞으로 난 길에서 보면 할아버지와 할머니, 그리고 언니와 나의 엎드린 뒤태가 길 쪽으로 나란히 다가오는 게 보였을 거다. 그래도 난 시골생활 2년차이지만, 이제 온지 얼마 안 되는 언니는 생전 처음 해보는 낫질 후유증과 마지막 기승을 부리던 벌레로 며칠 고생을 했다. 해가 저물어 어둑어둑해질 때까지 벼를 베고는 어르신들의 감사인사도 받고 우리의 본래 업무로 돌아왔다. 어린이집 청소와 주방 설거지가 우리를 기다리고 있었다.

조손가정 돕기

아이들 중엔 할머니와 사는 아이들이 몇 가정 있었다. 가정방문을 가보고 아이들의 생활을 알게 되면서, 우리는 날을 잡아 할머니가 돌보는 아이들의 집으로 가곤 했다. 연로하신 할머니가 혼자 들일도 해야 하고, 아이를 키우다보니 집안에 신경 쓸 틈이 없었을 터, 좋은 마음으로 다가가니 할머니들도 좋아하셨다. 구석구석 청소를 하고, 빨래도 하고… 어린이집 점심을 준비했는데 아이들이 적게 오거나, 양 조절을 잘 못해서 남게 되면 싸서 보내기도 했다. 물론 먼저 양해를 구하고 보냈다. 들일을 늦게까지 하고 와서 저녁을 먹기 위해 뭔가를 한다는 것은 연로하신 분들에는 쉬운 일이 아니다. 그래서 어린이집에서 간단한 밑반찬을 보내면 무겁지 않아 아이도 들고 가기 쉽고, 할머니 짐도 조금은 덜 수 있지 않을까 싶었다.

함께 일한 언니들이 모두 음식솜씨가 좋으니 망정이지, 내 솜씨로는 마음만 먹고 말았을 것이다. 다행히 할머니도, 아이도 좋아해서 몇 달간 청소와 반찬 지원을 했다. 이러한 바탕이 있어서일까? 사회복지법인이 되고도 한 부모 가정, 장애 부모 가정에 청소 및 목욕 그리고 반찬 지원사업을 하였다.

갓골극단 연극「금관의 예수」

풍물공연, 마당극에 이어 87년에는 갓골어린이집 기금 마련을 위해 동네 사람들과 연극공연을 했다. 어린이집 주방과 교사숙소에 페인트칠을 하고 시설 보수공사를 해야 했다. 머리를 맞대고 공사기금 마련을 위한 아이디어를 찾던 중, 우리가 배우가 되어 연극공연을 해서 후원금을 마련하자는 의견이 나왔다. 마침 농사를 짓는다며 귀농한 언니의 지인이 평택에서 연극활동을 하고 있었다. 언니와 나는 일과를 마치고, 밤기차를 타고 평택으로 가서, 마을 사람과 연극을 하려 하는 취지를 설명하고 도움을 구했다. 밤새 그 분의 사무실에서 연극에 대한 이야기를 나눴던 생각이 난다. 그리곤 새벽기차로 홍성에 내려와 곧바로 아이들을 맞이했다.

동이 트기 직전의 새벽은 더욱 어둡다고 했던가, 당시 대한민국은 앞이 안 보이는 터널을 전조등 없이 지나가는 듯, 곳곳에 어둠이 도사리고 있었다.

연극 「금관의 예수」.

우리는 '갓골극단'이라고 이름을 짓고, 어떤 작품을 할지 고민하였다. 고민 끝에 택한 작품은 「오적」의 시인 김지하가 쓴 희곡 「금관의 예수」였다. 김지하는 이 땅의 교회들이 '가시면류관'을 쓰고 있어야 할 예수에게 '황금면류관'을 씌워 섬기고 있다고 꼬집었다. 1970년대 유신의 참혹한 현실에 스스로 눈을 감고 있었던 성직자들을 질타하기 위함이었다. 힘없고 약한 자들을 대표하는 거지와 문둥이, 부와 권력을 가진 자들을 대표하는 사장과 경찰 그리고 황금면류관을 쓴 예수를 섬기려는 신부와 수녀가 나온다. 김지하의 시에 김민기가 곡을 붙인 「금관의 예수」에는 '고뇌하는 마음으로'라는 부제가 붙어있다. "얼어붙은 저 하늘, 얼어붙은 저 벌판… 오 주여 이제는 여기에, 여기에 우리와 함께…."

연극인 조성진 님의 도움으로 거지, 문둥이, 창녀, 신부, 수녀, 사장, 경찰 중 어울리는 배역을 정하고 연습에 들어갔다. 예전의 마당극은 마을 사람들을 초대해서 공연을 했지만, 이번 연극은 어린이집 기금 마련을 위해 티켓을 판매하는 유료공연이니 제대로 준비를 해야 했다. 10월부터는 매주 목요일마다 일과를 마치고 모여 연습을 했다. 서울 명동성당 근처 소극장에서 마침 「금관의 예수」 공연을 한다고 하여 다 함께 관람을 하러 가기도 했다. 무대의상, 음향, 소품도 직접 준비했고, 화장품을 긁어모아 분장을 하였다. 공연 팸플릿과 티켓을 만들어 돌리고, 아마 포스터도 직접 만들었으리라. 공연은 광천 은파교회, 홍성 행복예식장, 홍동 풀무학교에서 하였다. 이 연극 공연으로 어린이집은 기금을 마련하여 개보수를 하였고 '위대한 평민'들은 자신들의 끼를 발현하였으며, 선남선녀의 좋은 만남으로 몇몇이 가정을 이루는 계기가 되었다. 신부와 수녀, 문둥이와 창녀, 경찰과 사회자 등 '금관의 예수' 팀 중 3쌍이 결혼하였는데, 남편들은 모두 풀무학교 졸업생이고 부인들은 귀농한 처자들이었다. 그 아이들은 갓골어린이집을 다녔고, 몇몇은 풀무학교를 다녔다. 언제나 그렇듯 공연 그 자체보다는 공연까지의 과정이 모두에게 의미 있는 시간이었고, 그 의미 있는 시간의 중심에 갓골어린이집이 있었다.

상당히 고맙고, 좋은 곳

이번영 • 지역민, 학부모, 이사, 갓골극단에 참여

이번영 우리 아이들이 다 갓골어린이집을 다녔어요. 특히 가람이는 4년은 다녔을 거예요. 어린이집이 없었으면 내 경우 상당히 곤란했을 겁니다. 우리는 부부가 다 일을 했으니까. 나뿐이 아니라 대부분 그랬지. 어린이집이 새로운 방법으로 교육을 하고, 새로운 이론에 의거해 개혁적인 방법으로 교육을 하는 속에서 아이들이 바르게 잘 자란 거지. 아이들에게도 아주 좋은

추억이 되었고, 부모도 상당히 좋았어요. 그렇지 않았다면 시골에서 어린이집에 보낼 수가 없잖아요. 그땐 어린이집이 있지도 않았고.

최루미 병설유치원이 몇 연도엔가 생겼다고 들었는데.

이번영 몇 연인지는 모르지만, 굉장히 후였고, 그때는 어린이집이 홍성의 면 단위에서는 없었거든요. 여기만 있었지. 그런 가운데, 많은 혜택을 본 거지요. 주민들이. 나도 상당한 혜택을 봤고. 아이들이 거기서 밝고 건강하게 잘 자랐으니까. 상당히 고마운 생각이 있고, 지역민으로서의 자부심도 있어요. 어디 가서 내놓을 수 있는 거. 아이들을 유치원 교육부터 시켰다는 것은 시골에서는 감히 못하는 건데, 홍동이니까 가능했잖아요. 그러니 홍동에 대한 자부심이 상당히 있었지요.

최루미 「금관의 예수」 기억나세요?

이번영 「금관의 예수」가 상당히 재미있었지요. 여러 사람들이 했어요. 이름을 '갓골극단'이라고 했지. 그래서 그걸로 공연을 하고, 풀무학교, 홍성에서는 행복예식장, 광천에서는 은파교회에서 했어요. 행복예식장에서는 1,000원을 받았어요.

최루미 갓골어린이집 기금마련이었지요. 그 당시 주방과 교사숙소를 개조해야 할 일이 있어서요.

이번영 「금관의 예수」 열심히 했지요.

최우미 어떤 배역을 하셨나요?

이번영 사장을 했어요. 6명인가 했는데, 그중에 2쌍의 부부가 나왔어요. 문둥이와 창녀, 신부와 수녀….

최루미 3쌍이지요. 경찰과 사회자요. 제가 사회 봤는데.

이번영 아, 2쌍이라고 생각했는데. 그랬구나… 3쌍이었네. 상당히 재미있었어요. 신부로 나온 이가 결혼 때 잔치를 하는데, 연극 팀에 두 사람이 결혼했으니까. 내가 사장을 하고 즉석연극을 했지요. "여봐라. 신랑, 신부를 잡아 오너라, 너희들은 어찌하여 일도 안 하고 맨날 연애질이나 해갖고 이렇게 되었느냐?" "여봐라. 이놈들이 말을 안 하는데, 술 고문을 하여라." 이때가 물고문이 상당히 이슈가 되었던 때였죠.

최루미 87년이니까 박종철 물고문 치사사건이 있었지요.

갓골어린이집 회지에 대한 기억은?

이번영 기억이 잘 안 나는데, 그때 갓골어린이집은 지역문화의 중심이었지요. 지역 일들을 많이 했던 것이 갓골어린이집의 가치이고 중요한 역할이었다고 봐요. 일반적인 어린이집에서는 그러한 일을 할 수는 없었을 거야.

최루미 농민회에 대한 부분은? 홍성군 농민회가 87년에 창립되었지요?

이번영 87년이지요. 모임을 많이 했어요. 어린이집과 함께했던 일들이 지금까지 좋은 기억과 좋은 자산으로 남는 것은, 좋은 사람들을 많이 만났기 때문이지요. 좋은 선생님들, 학부모들, 아이들을 만난 게 좋은 자산이죠.

최루미 2022년이면 갓골어린이집이 40주년입니다. 풀무학교는

2018년에 60주년이 되고요. 갓골어린이집이 40주년을 기점으로 어떻게 나아갔으면 좋겠다 생각하시나요?

이번영 내가 어린이집 교육에 대해서는 문외한이라서, 어떻게 했으면 좋겠다는 것은 잘 모르겠고, 초창기에 했던 정신과 운영방법을 유지했으면 좋겠어요. 특별히 새로운 방안이 아니라, 초창기의 정신과 방법, 목표와 지향점을 끝까지 밀고 나가는 것이 오히려 새로운 대안이 아닌가 하는 생각이 듭니다. 예를 들어 원장 순환근무라든가, 임기제라든가 민주적으로 했던 것들은 다른 곳에서는 못하는 것이죠. 계속 그렇게 한다면, 밖에서 볼 때 '야 참 훌륭하다. 뭔가 다르다' 하고 느낄 것 같아요. 교육방법도 뭔가 좀 새로운 이론을 적용한다든가 해서… 상당히 기억이 좋았던 게 독일의 상황중심 교육을 한참 강조하고 그럴 때, 나중에는 좀 바뀌었다고 하지만, 그래도 그런 시도를 했다고 하는 것이 상당히 좋았어요. 그때 독일 사람도 오고 말야.

그런 식으로 좀 앞서가고 첨단을 가는 것이 필요하지 않나 싶어요. 갓골어린이집 하면 지금까지 '야 거긴 친환경 급식의 선두', 이렇게 사람들이 다 인식하고 있는 것은 상당히 좋은 전통, 좋은 이미지지요.

선생님은 인터뷰 내내 기억을 떠올리며 '상당히'라는 부사를 상당히 많이 사용하셨다. 선생님이 기억하는 갓골어린이집은 '상당히 고맙고 좋은' 어린이집이었지 싶다.

●●

이제 그만 서울로 가자

1988년 2월이면 홍동에 내려온지 만 2년이 된다. 이제는 올라가야겠다고 생각했다(혹은 올라가도 되겠다고 생각했을까?). 주변에도 알리고, 서울에 내가 있을 자리를 찾아 다녔다. 누구 소개인지 기억이 안 나지만, 경기도 광명 산동네 교회에서 운영하는 작은 어린이집에서 교사를 찾는다는 말을 듣고 갔다. 지금은 광명이 신도시로 부상했지만, 당시만 해도 허름한 산동네가 많았다. 버스정류장에서 내려 시장을 지나 한참을 올라가면 좁은 골목마다 다닥다닥 붙은 집들이 있고, 그 끝자락에 있던 작은 교회에는 젊은 목사 부부와 어린 두 딸이 살고 있었다.

동네 남자들 대부분은 막노동을 하는 사람들이었고, 엄마들은 봉제공장에서 인형 부품을 붙이는 일감을 떼어와 집에서 작업을 했다. 아이들 보육이 꼭 필요한 농촌이나 도시 변두리 저소득층을 위해 나라가 노력한 흔적은 어디에도 없었다. 결국 산동네 작은 교회가 나섰다. 1년 전부터 한쪽 방을 꾸며 동네 아이들을 돌보는 어린이집으로 사용하고 있었다.

아이들을 돌보는 분은 국문과를 졸업한, 최서해를 좋아하는 분이셨다. 이 선생님은 유아교육 전공자가 온다고 하니 좋아하시며, 자신이

사는 셋방에 초대도 하고, 마침 겨울이라 알타리김치에 떡국을 끓여 먹자고 모인 어린이집 어머니 모임에도 데리고 가셨다. 선생님 셋방은 안채 옆에 딸린 작은 방으로 문을 열고 들어가면 바로 부엌과 연탄아궁이가 나왔다. 방은 비키니 옷장과 작은 책상으로도 꽉 차, 겨우 이불을 펴고 누울 수 있는 공간만 남았다. 화장실은 안채 식구들과 함께 마당에 있는 재래식 화장실을 써야했고, 세수나 빨래는 연탄아궁이가 있는 부엌 수도를 사용해야 했다. 그런 곳에서의 삶은 겨울엔 연탄가스 중독, 여름에는 습기와 곰팡이, 도둑과 강도에도 무방비였다. 그래도 선생님은 도시빈민 운동을 위해 이곳에 오셨고, 마침 아이들 돌보는 일이 있어 하게 되었다고 했다. 그때 우리는 사회에 혹은 마음에 진 빚을 갚으려는 젊은이들이었다.

나는 새로운 곳에서 새로운 지역운동을 해보겠다는 생각으로 88년 2월에 갓골어린이집을 정리하고, 이곳으로 오겠다고 마음 먹었다. 막상 갓골어린이집을 떠난다니, 뭐가 그리 걸리는 게 많은지 이것저것 두루 신경이 쓰였다. 특히 후임자가 없었다. 내가 가면 언니도 그만둔다고 했다. 하기야 그런 상황에서 누군들 있을 수 있겠는가?

저쪽에는 간다는 약속을 해놓았는데, 결국 난 가지 못했다. 아니 아직 갓골에서 할 일이 남아 있었나보다. 교회 어린이집에 죄송하다는 말씀을 드리고, 다시 갓골어린이집에서 새 학기를 준비했나. 선생님은 내가 온다고 해 월급 줄 예산을 세워놓았는데, 안 주게 되었다며 그 돈으로 커튼을 바꾸고, 놀잇감도 샀다고 한다. 그러면서 여기든 저기든 장소가 무슨 문제겠느냐며 어디서든 열심히 살라고 하셨다.

선생님 댁에 갔을 때 빌려온 『최서해 전집』(상)을 전해 주지 못해, 아직도 책장에 꽂혀있다.

내 결혼식에도 오셨는데, 그 후 연락이 닿질 않는다. 교회 이름도 잊어버렸다. 멈추면 비로소 보인다고 했던가? 이제야 산동네 교회도, 목사님 댁 두 아이도, 그리고 선생님도 생각난다.

● ●

세 번째 해

해바라기 디스코텍

1988년 여름캠프는 대천으로 아이들과 엄마들과 함께 갔다. 언니는 유치원 경험도 있었고, 엄마들과의 관계를 참 잘했다. 선생님, 상담자 혹은 언니나 동생처럼 자연스럽게 관계를 맺었다. 두 숙 선생님과 내가 부모들과 어느 정도 거리두기를 했다면, 언니는 그 거리가 좀 더 가깝고 문턱이 낮았다고 할까. 언니 덕분에 엄마들과 함께 여름캠프를 하는 게 가능했고 자연스러웠다.

엄마들이 있어 88년 여름캠프엔 다른 자원봉사자가 필요치 않았다. 엄마들과 가니 또 다른 맛이 나는 시간이었다. 엄마들이 식사준비도, 아이들 닦이는 것도 하니, 우리는 아이들 돌보는 일에 집중할 수 있었다.

좋은 점이 있으면 나쁜 점도 있는 법. 엄마가 있으니 아이들은 우리 말을 잘 듣지 않았다. 스스로 잘 먹던 아이들이 아기가 되었고, 그렇게 씩씩하게 놀던 아이들이 엄마 치마폭을 파고드는 징징이가 되었다.

첫날은 각자 집에서 점심을 먹고 어린이집에 모여 대천으로 출발했다. 오후에는 바닷물놀이를 함께하고, 엄마들이 준비한 맛있는 저녁을 먹었다. 몸을 깨끗이 씻고 엄마와 저녁까지 든든히 먹고 나니, 아이들은 벌써 눈이 감긴다. 아이들을 재우고 몇 명 보초를 세우고는 대천 밤거리로 엄마들과 나갔다. 당시는 노래방보다는 디스코텍이 대세였다. 엄마들과 망설이다 들어간 곳이 해바라기(내 기억으로 외벽에 해바라기 그림이 그려진 곳이었다.) 디스코텍. 어두운 가운데 사이키 조명이 번쩍이는 곳에서 모처럼의 승인된 화려한 외출로 우리는 더 이상 선생님도 엄마도 아니었다. 맥주도 한잔하고, 함께 춤을 추며 놀았다. 보초가 있긴 하지만 아이들 걱정도 되고, 어느새 돌아온 정신을 추스르며 숙소로 돌아왔다. 그리고 이래저래 피곤한 몸을 뉘었다. 다음날 오전에도 신나는 물놀이를 하고 홍동으로 돌아왔다.

얼마 뒤 뉴스에서 대천의 어느 디스코텍에 불이 났다고, 화면에 검게 그을린 벽면을 보여주었다. 그런데 그 해바라기가, 바로 우리가 갔던 곳이었다. "와. 우리가 갔던 곳이다." 함께 갔던 엄마들이 어린이집에 오면 "어머니 거기 불났대요. 왜 우리가 대천에서 갔던 곳 말예요." 하며 은밀한 눈길을 주고받았다.

디스코텍은 다시 보수를 해서 문을 열었고, 친구가 결혼을 하고 신혼여행을 대천으로 와서 연애 중이던 신랑과 놀러갔을 때도 그곳에 갔다. 노래를 잘하는 내 친구는 노래를 잘 불러 사장님에게 여기서 일해보지 않겠냐는 제안도 받았다. 나는 그 후에도 대천에 가면 그 자리를 찾곤 했다. 한동안 그 이름 그대로 있었는데, 어느새 다른 곳이 되어있었다. 그때마다 "저기가 그 전엔 디스코텍이었어. 어린이집 캠프 와서 저기서 어머니들과 놀았지. 그런데 얼마 후 불이 났지 뭐야…." 하며 무용담을 늘어놓곤 했다.

해송아기둥지

1988년 2박3일의 세 번째 서울여행을 했다. 하루는 언니가 아는 교회 집사님 댁에서 묵고, 하루는 한벗회 백진앙 선생님의 소개로, 달동네 아이들을 돌보는 해송아기둥지에서 묵었다.

해송은 1978년, 저소득층 어린이 대상 보육시설을 고민한 '어린이걱정모임'을 시작으로 84년 해송아기둥지, 98년 해송어린이둥지공동체를 거쳐 2005년 해송지역아동센터란 지금의 모습으로 정착하면서 2004년 민간 공부방이 법제화돼 '지역아동센터'가 되었다. 당시에는 대학생 자원봉사자들과 지역활동가들이 청소년 야학과 해송아기둥지란 어린이집을 운영하고 있었다. '갓골'과 '해송'은 농촌과 도시라는 것만 다르지, 비슷한 방식으로 운영되고 있었다. 약간의 수고비만 받는 선생님들이 아기둥지 내의 숙소에서 지내며 아이들을 돌보는 것, 후원회비로 가정의 부담을 줄이는 것, 지역사회와 긴밀히 연결되어 아이들 교육을 통해 지역운동을 하는 것 등 어릴 때 헤어진 쌍둥이 자매를 보는 듯했다. 지금 같으면 지역사회 네트워크다, 마을 만들기다 하며 여러 수식어를 붙였겠지만, 그때만 해도 그냥 그렇게 헌신적으로 몸과 마음을 다하는 것, 오로지 그것이 다였다.

넓은 들길을 걷던 아이들이 좁은 서울 달동네를 돌아다니니, 사뭇 다른 느낌이리라. 골목골목에 다닥다닥 붙은 집들과 작은 마당과 지붕이 낮은 집들, 녹색보다는 회색이 더 많은 서울 거리들.

해송아기둥지 보육실에서 하루를 지내고, 다음 날은 6.3빌딩 수족관에 갔다. 반들반들 윤기 나는 바닥에서 아이들은 신을 벗고 양말스케이트를 탔다. 또 엘리베이터는 얼마나 높이 올라가던지.

해송아기둥지에 갔을 때 선생님이 얼마 전 숙소에서 자다가, 괴한의 침입을 받아 다치셔서 쉬러 가셨다고 한다. 결혼을 앞두고 그런 일을 당하셨단다. 그런 와중에 이런 번거로운 손님들을 받아주시다니, 참 감사하고 죄송했다. 그리고 마음이 아팠다.

허수아비 만들기

가을이 깊어지고 들녘이 무르익으면 농부들만큼 자연도 바빠진다. 지금은 참새가 별로 없지만, 그때만 해도 논둑을 걷다 보면 참새 떼가 여기저기서 날아오르고 내려앉았다. 가을 들녘과 참새 그리고 허수아비는 서로 공존했다.

우리는 매년 허수아비를 만들었지만, 이 해에는 '허수아비 만들기 대회'를 했다. 집에서 안 입는 와이셔츠나 모자 등을 가져오게 해서, 아이들만큼 큰 허수아비를 만들어 어린이집 진입로에 들녘을 바라보게 세웠다. 허수아비 중심의 십자 틀은 산에서 나무를 해 와서 만들었고, 몇 날 며칠동안 아이들이 저마다 솜이나 천 뭉치로 몸통을 채우고, 옷을 입히고 모자를 씌웠다. 가지각색의 허수아비들이 만들어졌다. 저마다 허수아비에 이름을 쓰고 어린이집 앞 들녘을 향해 세웠다. 들녘에 노을이 질 때는 우리 아이들의 허수아비도 붉게 물들곤 하였다.

그 많던 참새는 다 어디로 간 것일까?

● ●

첫 퇴직

89년 2월, 홍동에 내려온지 3년, 제8회 수료 및 졸업식을 마치고 출산과 육아를 위해 어린이집을 그만두었다. 또 새로운 선생님이 오셔야 했다.

운선 언니를 홍동에 소개한 분이 마침 갓골동네에 살며, 아이도 어린이집에 보내고 있었다(이분은 82년도에 진인숙 선생님을 갓골어린이집에 소개하기도 하였다.). 마침 쉬고 있던 아이의 고모를 소개해주셨다. 참 이리저리 이어진 관계 덕분에 갓골어린이집은 또 한숨 돌릴 수 있었다. 그렇게 오신 김경희 선생님과 운선 언니는 한 학기를 함께 보냈다.

2학기에는 혜전대 유아교육과를 졸업한 이정임 선생님이 오셔서, 운선 언니와 89년 학기를 마무리했다. 운선 언니도 풀무학교를 졸업한 동네총각과의 결혼으로 출산과 육아를 해야 해서 90년 2월 제9회 수료 및 졸업식을 마치고 어린이집을 그만두게 되었다.

87년부터 6개월마다 선생님이 바뀌는 상황이 되었고, 이번에는 두 분의 선생님이 한꺼번에 그만두게 되었다. 더 이상 외부에서 오고자 하는 사람이 없자, 전직 갓골어린이집 선생님 두 분과 도서관 선생님 등 세 명의 '엄마 선생님들'이 아이들을 데리고 출근하게 되었다.

●●

엄마 선생님들

마을회관에서 도서관을 하던 한명석, 83년도 갓골어린이집 교사를 한 곽영란, 첫 돌이 지난 딸과 함께 돌아온 나. 모두 홀몸으로 홍동에 와서 농촌총각과 결혼하고, 아이를 낳아 그 아이를 데리고 엄마선생님으로 온 것이다.

명석 언니와 나는 돌 지난 딸내미를, 영란 언니는 두 돌이 된 아들내미를 데리고 다녔다. 이때도 서로 주방과 교실을 오가며 아이들을 돌보았다.

말 그대로 '엄마선생님들'이었다. 농촌에서 아이만 보자니 시어른들 눈치가 보이고, 아이를 놔두고 농사일을 할 수도 없었다. 큰 포부가 있었다기 보다는 걸리는 아이도 보고, 일도 하고, 돈도 조금 벌고. 무엇보다 우리가 잘 할 수 있는 일이었기 때문이다.

세 엄마의 좌충우돌 시기이기도 했지만, 갓골로서도 다른 선택의 여지가 없었다. 그래서였을까? 이 시기 아이들과의 기억이 별로 없다. 마치 꿈을 꾼 것처럼…. 아마 세 선생님 모두 어린 아이들을 데리고 다녀서, 긴 시간을 내야 하는 활동이나 새로운 활동을 계획해서 하는 것은 어려웠으리라. 즉 뭔가를 더하기보다는 빼며 지냈던 시간이었다. 그동안 해왔던 것들 중 뺀 활동은 가정방문, 어린이날 잔치, 서울여행,

일일찻집 등 꽤 굵직한 것들이었다. 그냥 하루하루 살기 빠듯했을 터, 내 스스로가 별로 기억하고 싶지 않을 정도로 소극적인 시기였으리라.

게다가 모두 가정이 있어서 교사숙소가 필요치 않았다. 당시 갓골 어린이집은 영아보육을 하지 않았고 우리 아이들은 2살, 3살이어서 유아들의 생활리듬과는 맞지 않았다. 또 아이들을 데리고 있자니, 자연스레 엄마에 매달리는 '내 새끼' 때문에 다른 아이들도 우리들도 서로 힘들었다. 주방과 연결된 교사숙소를 개조하여 급식과 간식을 담당하는 선생님이 선생님들의 아이들을 보며 점심과 간식을 담당하게 되었다. 자연스럽게 홍동에 오는 손님들이 묵어가던 교사숙소의 역할과 동네 마실방이며 살롱이던 갓골어린이집의 역할은 점점 줄어들었다.

덧분에 갓골이 굴러갔겠구나

한명석 • 엄마선생님, 이메일 인터뷰

최류미 1990년에 1년간 갓골어린이집 교사로 계셨던 때의 일들을 생각나는 대로 말씀해주시기 바랍니다.

한명석 갓골어린이집 또한 단단한 소신이 있어서라기 보다 고부갈등으로 인해 가정과 일정한 거리를 갖는 것이 주목표였지요. 당시 최루미, 곽영란 동료교사와 같이 세 명의 교사 모두가 돌된 아이를 데리고 일했죠. 월급은 10만 원. 당시 갓골 마당에서 우리 셋과 이영숙, 김순희까지 모두 아기를 데리고 사진을 찍었던 게 기억나네요. 나는 급식하고 가정통신문을 맡았는데, 어느 날 곽 선생이 "이렇게 어질러진 곳에서 어떻게 가정통신문을 쓰나?"고 감탄을 했어요. 그녀는 정리정돈을 잘하는 스타일이었고, 나는 거의 무신경한 타입이었죠.

그때 카키색 교사티를 맞춰 입고 간 소풍지였을 거라고 생각되는데(요건 사진이 있어서^^). 최 선생이 전체 원생은 물론 우리 둘에게도 일감을 나눠주느라 분주했던 기억이 있어요. 최 선생이 전공자요, 경력자이기 이전에 유아교육에 남다른 재능과 애정을 보였는데 덕분에 당시 갓골이 굴러갔겠구나 싶네요. 내가 늘어지는 편이라 소풍지에서도 늘어져 있었는데 최 선생이 이것 아니면 저것을 도와달라고 말했어요. '혼자 애쓰고 있구나….' 뒤늦게 깨닫고 정신이 퍼뜩 났어요. 그 외에 대천 옆 용머리해수욕장으로 소풍 간 기억도 나는 걸 보면 남아있는 사진 위주로 기억이 조금 남은 듯해요.

정승관 선생님이 산타 노릇하면서 애써 주던 기억… 한 번은 내가 뒤꼍에서 쓰레기를 태우다가 언덕으로 불이 붙어 소방차까지 출동했던 일… 정승관 선생님도 놀라서 달려왔었는데 "접니다" 하며 내가 자수하던 장면이 떠오릅니다.

우리 아줌마 삼총사는 그럭저럭 1년을 함께 마무리했다. 돌이켜 보면 나는 갓골어린이집을 위해 일을 했다기 보다 갓골어린이집과 같이 자란 듯하다.

●●

부부선생님

신학기는 다가오는데, 교사로 온다는 사람이 없었다. 어떻게 그 긴 시간 동안 교사들이, 그것도 그리 헌신적인 교사들이 갓골어린이집을 다녀갔는지 의심이 갈 정도였다. 88올림픽을 치르며 한국사회가 급속히 산업화, 개인화된 시대적 배경도 어린이집 구인난에 한몫을 했으리라.

발이 넓은 원장선생님께서 백방으로 알아본 덕분에 부부 선생님이 오시게 되었다. 처음 홍동에 올 때는 문화동어린이집 교사로 갈 예정이었다고 한다. 문화동어린이집도 마침 교사가 없어 애태우던 상황이었다. 중간 사정은 알 수 없지만, 부부선생님은 갓골어린이집으로 오게 되었고, 문화동어린이집에선 무척 서운해 했다고 한다.

1991년 3월 입학식부터 1993년 2월 12회 졸업식까지 2년간, 정식 보건복지부 산하 정부보조 시설이 되기 전까지 갓골어린이집을 맡으셨다. 두분 모두 신앙심이 깊으셨고, 남편은 그림, 아내는 음악 관련 재능이 있으셨다.

늘 손을 잡고 다니는 분들이라 면소재지에선 단연 눈에 띄었다. 어린이집은 덕분에 잘 이어졌지만 부부만의 사생활 영역이 있어서일까? 이전처럼 여러 사람이 드나들던 살롱이나, 교육장소로 더는 갓골어린이집을 사용할 수 없게 되었다. 자연스럽게 아이들을 돌보는 어린이집 고유한 역할만 하는 곳이 되어갔다.

사회복지법인 갓골어린이집 만들기

1992년에 영유아보육법이 제정되면서, 어린이집 설립 및 지원을 국가가 관장하기에 이른다. 그동안 내무부에서 관할하던 새마을 유아원이 보건복지부로 이관되면서, 영유아보육이 국가적 과업임을 천명한 시기이다. 80년대 우리들처럼, 심장이 가리키는 방향으로 행동하는 젊은이들도 점차 드물어지고 있었다. 갓골어린이집도 몇 년째 선생님 모시기가 어려워, 누구든 있어주기만 하면 감사한 곳이 되어가고 있었다.

갓골어린이집 이사회는 신중한 논의를 하였다. 과연 정부 시책을 따라가며 지원받는 시설로 가는 것이 맞는지, 아니면 어려워도 예전 방식으로 독립성을 유지할 것인지. 결론은 전자 쪽으로 기울었다. 좋은 교사가 좋은 어린이집을 만드는데, 그러려면 세태에 부응하는 방식을 갖춰야 한다는 결론에 이르렀다. 갓골은 새로이 이사진을 구성하고, 사회복지법인 만드는 일에 착수하였다.

공무원과 일을 해보지 않았던 당시 이사회는 서류를 참 많이도 퇴짜맞아 가며 우여곡절을 거쳤다. 당시 풀무학교 선생님이자 학부모, 이사였던 분이 사회복지법인 서류를 담당했는데, 법인 허가가 나온 후 그동안의 서류가 이만큼이나 된다며 앉은 키 높이로 손을 들던 생각이 난다. 90년도에 함께 근무한 아줌마 선생님들도 이사로 참여했는데 이사들이 대출을 받아 어린이집 건축을 위한 종잣돈을 모았다. 당시 이사장은 주정

열 님. 삼 남매 모두 갓골어린이집에 다녔고, 지역 일에 열심이셨다. 나중에 홍성군의회 의원도 하셨다. 갓골어린이집은 누구 개인의 어린이집이 아니었고, 앞으로도 아니기에, 진짜 사회복지법인 어린이집을 만들어야 했다.

법인 설립은 이사들이 대출을 받아 지원했지만, 기존의 무허가 건물로는 허가가 나지 않아, 새로 건축을 해야 했다. 어렵고 어렵게 사회복지법인을 설립했는데, 이대로 말 수는 없었다. 곧 어린이집 건물 짓기 프로젝트에 돌입했다.

TV 방송

다른 사회복지법인보다 갓골어린이집 이사회는 더욱 헌신을 해야 하는 자리였다. 겨우 사회복지법인을 만들었는데, 어린이집 건물을 지어야 정식 어린이집으로 허가도 나고 보조도 받을 수 있다고 하니, 산 넘어 산이었다. 이사회에서는 회의를 거듭한 끝에, 우선 저렴하게 건물을 지을 수 있는 방법을 모색했다. 마침 동네에 목수분들이 있었다. 최대한 적은 비용으로 건축할 수 있는 방법을 강구하는 한편, 목수를 섭외하고 이사들이 봉사활동으로 일을 하기도 했다.

후원 행사를 통하거나 방송을 통해 후원금을 모금하기도 했다. 대전의 모 방송국에서 이사장님과 자모회 여러분 그리고 아이들을 촬영하러 왔다. 당시 자모회 총무였던 윤아 어머니가 TV에 나온다며 한껏 멋을 내고 오셨다. 내 기억으론 밝은 파란 투피스에 큰 링 귀걸이를 한 듯하다. 그런데 나중에 방송을 보니 윤아 어머니 촬영분이 나오지 않았다. 이유를 물었더니, 파란 투피스와 큰 귀걸이가 농촌 아낙 같지 않아서 편집되었다고 한다. 이런 해프닝도 있었지만 지역의 뜻있는 분들이 하나가 되어 노력한 시간들이었다.

마을 노래자랑

이사회는 어린이집 건축을 위해 머리를 맞대고 고민했다. 그중 하나가 '갓골어린이집 건축기금 마련을 위한 마을 노래자랑'이었다. 축협 사료창고와 홍동보건지소 앞마당에 무대를 마련했다.

풀무학교 강당에 있는 교단을 가져와 무대를 꾸미고, 어디서 빌려 왔는지 마이크와 앰프도 설치했다. 앞자리에는 돗자리를 깔고, 뒷자리에는 의자를 놓았다. 지금처럼 이벤트사가 와서 일습으로 설치해주던 때가 아니었다. 하나부터 열까지 모두 이사회와 선생님들 그리고 학부모들이 준비했다. 포스터도 직접 만들고, 여기저기 행사 초대권을 돌렸다.

저녁 무렵부터 시작된 마을 노래자랑의 여는 무대는 아이들 재롱으로 시작되었다. 이사님들이 인사를 하고, 축하 공연도 있었다. 마을 사람들이 무대에 올라와 노래를 하며 즐겁게 가을밤을 보냈다. 참석한 분들이 형편에 맞게 후원금을 냈고, 참석하지 못한 분들은 후원금만 보내주시기도 했다. 정확하지는 않지만, 그날 모금액은 150만 원 정도였던 것 같다.

시작은 모금을 위한 것이었지만, 행사를 하면서 그보다 더 중요한 것을 알았다. 갓골어린이집은 마을과 더불어 나아가리라는 것을.

일일찻집

어린이집은 홍동면에 있었지만, 좀 더 큰 틀에서 보자면 홍성군에 있으니, 읍내에 알리는 것도 중요하다고 생각했다. 힘이 들고 번거로워도 뭐든 해서 후원금을 더 모아야 했다.우리 단골인 마당찻집에서 '갓골어린이집 건축기금 마련을 위한 일일찻집'을 열었다.

이사회와 학부모들이 앞장서고 지역 여러분들이 함께 도와주셨다. 이때 동네 청년들과 함께 「천리길」을 불렀다. "동산에 아침 햇살 구름 뚫고 솟아와, 새하얀 접시꽃잎 위에 눈부시게 빛나고, 발 아래는 구름바다 천리를 뻗었나, 산 아래 마을들아 밤새 잘들 잤느냐. 가자 천리길 굽이 굽이쳐 가자. 흙먼지 모두 마시면서 내 땅에 내가 간다."

건축비에는 한참 못 미치는 금액이었지만, 언제 우리가 넉넉한 상황에서 일을 하였는가? 이사회 기부금과 후원금 등으로 갓골어린이집은 40평 건물의 건축에 들어갔다. 그때 계셨던 부부 선생님은 창문은 크게, 천장은 높게하는 원칙을 갖고 계셨다. 마치 성당처럼. 정말 높은 천장과 큰 창문의 새로운 어린이집이 구어린이집 건물 옆에 지어졌고, 1980년 네덜란드 지역사회개발 자금으로 지은 20여 평의 어린이집 구건물은 무허가 건물이라 철거하게 되었다. 구건물 자리는 마당으로 다듬고, 놀이터도 보수하였다. 개원 때 심었던 중국단풍과 목련나무 그리고 교사숙소로 사용하던 식가공 건물은 남았다. 1993년엔 부부 선생님의 숙소로, 94년 선생님들이 미술학원을 차려 갓골어린이집을 떠나신 후에는, 사회복지법인으로 개원하고 새로 들어온 새내기 선생님들의 숙소로 사용되었다가 이후 철거됐다. 구건물에 있던 현판이라도 잘 보관해놓을 것을. 너무 많은 것을 잃어버린 채 모든 것이 변했다.

건물을 완공하고 건축물 대장에 올리고 개원 허가를 받아, 1993년 3월 10일 사회복지법인 갓골어린이집으로 거듭났고, 나는 원장이 되었다.

갓골어린이집 교사 연보

1981년 4월 개원 – 주민자

1982년 4월 중반 혹은 말부터 – 진인숙

(82년 3월, 4월엔 상황중심 교육 연수를 받던 공윤희, 송갑근이 빈자리를 채움.)

1983년 – 곽영란, 이석희

1984~85년 – 이영숙, 조진숙

1986년 – 조진숙, 최루미

1987년 상반기 – 최루미, 최경이

1987년 하반기~88년 – 최루미, 임운선

1989년 상반기 – 임운선, 김경희

1989년 하반기 – 임운선, 이정임

1990년 – 한명석, 곽영란, 최루미

1991~92년 : 선대웅, 임옥련

1993년 3월 10일 – 사회복지법인 갓골어린이집 출범

1993년 3월부터 시기별 간단 정리

1993년 3월 10일	사회복지법인 갓골어린이집으로 개원.
2006년 3월 1일	교사협의회를 구성하여 원장 임기 2년의 순환근무제 도입. 보육교직원들이 자발적으로 급여의 일정액을 기부하는 방식으로 기금을 마련하여, 장기 근속자를 위한 유급

	휴직제 도입. 교사협의회 대표가 돌아가며 2년씩 원장을 함.
2014년 2월 28일	교사협의회 해산.

사계절과 아이들

● ●

텃논과 텃밭

어린이집은 길보다 조금 높은 곳에 위치해 들판을 바라보며 있다. 길에서 오르막을 올라가면 왼쪽으로 교사숙소가 있고, 조금 더 올라가면 놀이터와 어린이집 교실이 나온다. 교사숙소 맞은편 어린이집 마당 둑을 이용하여 조그맣게 텃밭을 만들었다. 내가 왔을 때는 작은 텃밭에 수박과 참외를 심었다. 지금은 생태 유아교육, 텃밭 가꾸기를 무슨 특별활동처럼 너도나도 하지만, 그때 갓골어린이집이며 아이들은 '생태'적으로 살고 있었다. 아이들과 따 먹을 요량으로 수박과 참외를 심었다. 수박은 주먹 두 개 정도의 크기로 별 맛이 없었지만, 참외는 몇 개 아이들과 맛있게 따 먹었다.

두 숙 선생님들이 작년에는 논을 만들었단다(85년). 논을 만들기 전에 동네 청년들에게 물으니, 한 가마는 나온다고 하여 쌀값을 아껴볼까 하는 생각과 아이들과 함께 할 요량으로 땅을 파고 비닐을 깔고, 거기에 흙을 채워 넣고 다지고 물을 대고 모를 얻어다 심었단다. 아이들과 두 처자가 맨발로 논을 다지는 모습을 상상해보시라! 이론상으로는 맞는 것 같은데, 왜 벼가 잘 자라지 않는지? 한 가마는 고사하고, 벼이삭도 제대로 패지 않았다고 한다. 이 논은 다음 해엔 밭이 되었다. 사실 논이고 밭을 경작할 시간은 없었다. 시간이 있으면, 쉬어야 했다. 우리들 스스로 들숨과 날숨의 균형을 맞추지 못해 어린이집 교사를 1－2년 하면 몸이 망가지고 곧 정신적인 피로감으로 이어졌다. 이는 지금도 보육현장에서 반복되고 있는 현실이며, '보육의 질은 교사의 질을 넘어설 수 없다'라는 단순한 명제를 이루지 못하는 주요 요인이기도 하다.

그러나 당시 농촌은 어려웠고, 아이가 있는 집은 더욱 어려웠다. 우리는 그런 어려움에 함께해야 한다며 스스로를 몰아붙였다. 뭔가를 하지 않으면 스멀스멀 기어오르는 불안감 때문에 눈을 질끈 감고 숨이 차게 달렸다.

●●

가정방문

농사일이 바빠지기 전인 4월이나 가을걷이를 하기 전에 일정을 잡아 가정방문을 다녔다. 가정방문 시기엔 조금 일찍 일과를 마치고 3시쯤부터 어린이집을 나선다. 동네별로 가정방문을 하는 아이들과 손을 잡고 아이들의 집으로 걸어간다. 가까운 곳에 사는 아이들도 있지만, 제법 멀리 있는 집은 아이들 걸음으로 30－40분이 걸린다.

그래도 아이들은 선생님의 손을 잡고 가는 것이 신나서 힘든 줄 모른다. 들길을 걷는 아이들 걸음걸이엔 자랑처럼 힘이 실린다. 그 당시만 해도 차가 많지 않았고, 오히려 보행자 중심의 비포장 길이었다. 꽃도 보고, 하늘도 보고, 지나가는 어른들께 인사도 드리며 아이들 집으로 간다. 농사일로 바쁜 중에도 선생을 맞이하기 위해 어머님들은 집 앞에 나와 우리를 기다리신다. "아이구, 선생님" 반갑게 맞이하는 어머님을 따라 집으로 들어간다. 우리 아이들의 엄마인 농촌 아낙들은 쉴 틈이 없다. 하루 종일 논일, 밭일을 하고 돌아와도 육아에 청소에 대가족 식사 준비에 그야말로 원더우먼이었다. 식사 준비에 들어가는 식재료도 직접 가꾸고 손질하여 올리니 맛있고 건강한 밥상이지만, 밤잠을 줄여가며 해야 하는 일이었다. 가정방문을 통해 그런 사정을 확인하고, 우리는 아이들과 부모님들을 더욱 잘 이해하게 되었다. '아, 그래서 보겸이가 자주 어린이집을 늦게 오는구나.' '아, 그래서 점심을 그리 잘 먹는구나.' 선생이 집에 온다니 표현을 잘 못하는 아버님들도 일부러 들일을 놓고 집에 들른다. 부드러운 인사말은 못하시지만, 볕에 그을리고 거칠어진 얼굴 가득 웃음이 번지면, 우리는 90도로 인사를 드린다. 이런 성대한 대접을 받다니… 아이들도 모처럼 일찍 들어온 아버지가 낯설기도 반갑기도 한 모양이다. 같은 동네의 다른 집에 갈 때면 선생님이 하나 더 는다. 가정방문을 마친 아이도 같이 친구 집 방문에 나서는 것이다.

가정방문를 하고 상담을 한 내용은 결국 서로 고맙다는 이야기. 30분 정도 가정방문을 마치고 돌아서면, 또 무언가를 싸주신다. 떡, 찐

고구마, 강정 등. 우리는 갔던 길을 되짚어 어린이집으로 돌아오며, 가정방문 하기를 잘했다는 생각을 한다. 길을 걸으며 노래를 부르기도 하고, 싸주신 간식을 먹으며 아주 사소한 수다를 떨기도 한다. 멀리로 다녀오는 경우, 오는 길은 저녁놀과 함께한다.

●●

부활절 계란

만물이 움트는 봄에 딱 어울리는 부활절은 나와 아이들에겐 계란과 병아리로 다가왔다. 예쁜 알과 보드라운 병아리의 솜털, 그리고 엄마 닭… 아이들의 집에선 대부분 닭을 직접 길렀다. 논과 밭을 소가 갈던 때라 소도 한두 마리는 기본으로 있고, 돼지도 몇 마리씩 기르고, 좋은 반찬이 되는 계란을 먹기 위해 닭장도 집집마다 있었다. 그러니 선생님들보다 아이들이 닭과 병아리와 계란의 관계를 더 잘 알고 있을 터였다, 우리는 부활절 계란을 나누는 것에 대한 이야기를 간단히 들려주고, 아이들과 동네 양계장에 가서 계란을 사다가 삶았다(그러고 보니 뭐든 아이들과 전 과정을 함께했다. 쑥개떡을 먹을 때는 쑥을 뜯고 쌀을 물에 불렸다가 물기를 빼고 아이들과 동네 방앗간에 가서 우리가 뜯은 쑥과 쌀이 버무려져 나오는 것을 지켜보았다. 그리고 그것을 가져와 쑥떡을 만들어 쪄 먹었다. 우유도 주전자를 들고 풀무목장으로 산책 겸 가서 주전자에 받아와 중탕을 해서 먹었고, 가끔은 아이들과 물 주기 당번을 정해 콩나물을 길러 먹기도 하였다. 추석 송편, 크리스마스 케이크 등도 마찬가지였다.). 부활절 계란을 만들어 어린이집 간식으로 먹기도 하고, 집에 가져가서 가족들에게도 주고, 풀무학교 언니들에게도 가져갔다(풀무학교는 손윗사람에게 언니라고 불렀다. 언니가 원래 우리가 손윗사람에게 부르던 말이라고 한다.). 삶은 계란을 아이들과 크레용, 색종이, 물감 등으로 꾸민다. 따듯한 계란을 조심스레 잡고 작고 둥근 면에 그림을 그리거나 물감을 칠하는 것은 그리 쉬운 일이 아니다. 계란이 깨질 수도 있고, 작고 둥근 면이라 더 세심하게 다뤄야 하기 때문이다. 저마다 할 수 있는 만큼, 하고 싶은 만큼, 원하는 방법으로 부활절 계란을 꾸미고는 계란을 바구니에 담아 풀무학교로 길을 나선다. 손에 손잡고 면소재지의 가장 번화가를 지난다. 보건소가 제일 먼저 있고, 양조장을 지나면 철물점과 약국이 나온다. 버스정류장 앞엔 학부모가 하는 양품점이 있어 지날 때마다 반갑게 인사한다. 정류장을 지나 홍동천 다리를 건너 왼쪽으로 가면 풀무학교가 나온다. 천변을 따라 가다가, 오른쪽 첫 번째 길로 들어서면 목련과 후박나무가 길 양옆으로 심어져 있다. 마치 '여기입니다. 어서 오세요.'라고 하듯.

1층 행정실과 어린이집 원장선생님이기도 한 교장선생님 방에도 들러 계란을 드리고, 풀무학교 언니들을 만나러 2층 교실로 올라간다. 수업시간이라도 갓골어린이집에서 왔다고 하면 대환영이다. 아이들이 계란을 갖고 교실 사이를 오가며 언니들에게 나누어준다. 그리고 노래도 부른다. 더벅머리, 여드름 얼굴들의 환한 미소가 목련과 후박나무길을 되짚어 나오는 우리들의 발걸음을 가볍게 했다.

큰 숙, 작은 숙 선생님 모두 크리스천이다. 원장선생님도 풀무학교에서 무교회 예배를 드리신다. 자연스레 몇 가지 활동은 기독교 리듬을 따르긴 했지만, 이는 1년 사계절의 생활리듬을 위한 것이지 종교교육은 하지 않았다. 난 기독교 미션스쿨을 10년 다녔다. 내가 좋아하는 성경 구절은 "저 들판에 핀 백합화를 보라. 그들은 수고도 아니 하고 길쌈도 아니 한다. 그러나 너희에게 이르노니, 온갖 영화를 누린 솔로몬도 이 꽃 한 송이만큼 화려하게 차려입지 못하였느니라." 이다. '나는 참 부족하구나.'라며 자책을 할 때 이 구절을 떠올리며 회복을 하곤 한다. 이 구절을 만난 것만은 미션스쿨에서 받은 수혜지만, 내게 선택권이 있었다면 미션스쿨은 절대 안 갔으리라….

●●

봄나들이

봄소풍은 풀무학교 뒷산이나 암소고개, 혹은 문당리 등 진달래꽃이 피는 곳으로 갔다(이 또한 늘 같은 장소로 가지 않았다. 그러고 보면 선생님들 모두 정해진 틀을 싫어하는, 영혼이 자유로운 부류였던 듯하다.).

봄소풍을 갈 즈음은 풀무학교 뒷산 진달래와 그 옆 과수원 복숭아꽃이 한창일 때였다. 어린이집을 나서 풀무학교로 걸어가다 보면 지나가는 사람들, 상점 어른들이 모두 아이들을 반긴다. 갓골어린이집 아이들은 '마을 아이들'이었다. 늘상 걷는 길인데도 소풍이어서 그런지 아이들은 도시락을 짊어지고도 발걸음이 날아갈 듯 가볍다. 목련과 후박나무가 길을 안내하는 풀무학교는 교문도 없고 울타리도 없다.

봄나들이, 문당리 진달래동산.

우리 집 앞마당인양 수업시간인데도 불구하고 아이들과 조잘대며 뒤 운동장으로 올라간다. 운동장 잔디밭에서 소풍 도시락을 먹고, 맘껏 뛰어 논다. 놀아도 놀아도 또 놀고 싶다. 진달래꽃과 복사꽃이 한창인 풀무학교 뒷산을 이리저리 누비고 다녔다. 별을 보던 전망대(원래 이곳은 한나 기도실이라고 한다. 풀무학교를 세우신 샛별 주옥로 선생님 모친 김순열 여사께서 아들을 얻기 위해 100일 기도를 드렸던 곳으로 성경 속 사무엘의 모친 '한나'의 이름을 따서 '한나 기도실'이라고 한다.)도 올라가보고, 축사에도 가본다.

다 우리 땅이다. 늘 가던 곳이라도 소풍이라서인지, 가방 속 도시락 때문인지 색다름으로 다가오던, 그 설레던 마음이 그립다

●●

어린이날 잔치

매년 5월 5일 어린이날엔 백진앙 선생님이 한벗회 자원봉사자들과 홍동 아이들을 위해 '어린이날 잔치'를 하러 오셨다. 팬터마임, 마술, 인형극 공연도 하고, 회원들은 풍선놀이, 비눗방울 놀이, 게임을 하며 아이들과 신나는 하루를 보낸다. 어린이날이라고 특별히 가정에서 뭔

가를 하는 시절이 아니어서, 우리는 휴일임에도 아이들을 나오게 하여, 하나라도 더 보여주고 싶어 안달을 부렸다. 어린이날 행사 팀은 하루 전날 와서 갓골어린이집 교사숙소에서 묵는다. 우리는 이들에게 숙소와 식사를 제공하고, 행사를 위한 준비를 도왔다. 행사는 풀무학교 강당과 운동장, 디딤돌도서관이 있는 창정마을회관, 갓골어린이집 등에서 해마다 다양하게 진행됐다. 지금처럼 현수막이 있던 시절이 아니어서, 우리는 일일이 포스터를 그려 동네에 붙였다. 어머니들과 간단한 간식을 준비하기도 하고, 동네 어른들이 풍물놀이로 흥을 돋우며 어린이날 잔치를 알리기도 했다. 농촌 일손은 바쁘고, 무엇이든 어른 중심이던 시절, 한벗회와 함께한 어린이날 잔치는 홍동에 '어린이'를 우뚝 세우는 시간이었다. 공휴일, 주말, 방학도 반납하고 행사도우미, 식사당번도 마다 않던 우리의 에너지는 어디서 나왔을까? 우리 안에 있던 것일까? 무엇이 우리를 그리 떠밀었을까? 싫은 소리 한번 안 하고, 오히려 일을 만들어 하던 때를 뒤돌아보며, 나를 토닥인다. 그래 젊었어, 두려움도 열정으로 날릴 수 있을 줄 알던 때였지. 마침 그 열정을 갓골어린이집이 받아주었고, 간섭 없이 펼칠 수 있었지. 그런 시간들이 필요했지. 그래서 그 시간들이 내겐 '빛나는' 시간이 될 수 있었지….

●●

하루 일과

현관문을 열고 들어가면 신발장이 있고, 다시 여닫이문을 열면 보육실이 있었다. 현관 옆으론 2개의 방이 있는데, 가운데 작은 곳은 창고이고, 그 옆방은 미술활동을 하는 곳이었다(교사숙소와 주방으로 사용하던 식가공 건물을 짓고, 어린이집에서 사용하기 전인 84년 초까지, 가운데 작은 곳을 조리실로, 그 옆방을 교사숙소로 사용했다고 한다.). 교사는 2명이지만 1명은 간식과 점심 준비를 위하여 보육실과 주방을 오가야 하므로, 나머지 1명의 교사가 아이들을 돌보곤 하였다. 아이들은 가방을 정리하고 자연스럽게 다양한 미술활동으로 하루 일과를 했다. 특히 자유롭게 끼적거리기를 즐겨서, 아이들이 창작해 낸 '그림 이야기'를 적어서 벽에 전시하고, 등원하는 아이들과 인사도 나누는 등 미술활동실은 어린이집의 중심 역할을 했다. 한바탕 예술성을 풀어내고 나면 하나, 둘 보육실로 나가서 자유놀이를 시작한다. 도서, 블록 및 소꿉놀이, 조작 및 과학, 음률 영역 등 소박한 흥미영역으로 배치된 교실에서 아이들은 오전 간식시간 전까지 자유놀이를 한다. 기껏해야 선생님들은 병원놀이에 환자나 소꿉놀이에 아기 역할, 혹은 책을 읽어주는 등 아이들이 시키는 역할을 하곤 했다. '오늘도 아이들하고 하려 했는데, 못했네…' '동화를 준비했어야 했는데…' '학교 갈 아이들에겐 좀 더 세분화된 활동을 하면 좋겠는데…' 마음은 있지만 하지 못하는 날이 많아 늘 미안했다. 그래도 작은 위로가 되는 점은 갓골어린이집 아이들은 스스로 놀이를 찾고 발전시켜 나갔다는 것이다.

오전 간식을 10시 30분쯤 먹고는 밖으로 나간다. 마당엔 쇠로 된 뺑뺑이, 큰 그네와 작은 그네, 미끄럼틀과 모래놀이터가 있고 목련과 중국단풍 나무가 있다. 어린이집 마당과 경계를 이루는 산엔 뾰족뾰족한 쇠철망이 쳐져있다. 그 쇠철망 너머엔 소나무숲이 있고, 군데군데 진달래도 피어있다. 그리고 무덤이 있었다. 묫자리를 잘 써서 후손이 잘 되었는데, 아이들이 자꾸 드나든다고 산 주인이 쳐놓은 철망이었다. 내 생각으로는 아이들이 드나들어서 잘된 것이라 보는데 말이다. 그래도 가끔 개구멍으로 드나들기는 했다. 빵빵이와 큰 그네는 여차하면 아이들이 다치기 때문에 늘 주의를 기울여야 했다. 하지만 위험을 감수하고 즐기는 재미 또한 적지 않아, 아이들은 늘 큰 그네와 빵빵이에 몰리고는 했다. 놀이터에서 한참동안 놀다가 점심을 먹기도 하고, 주변 산책을 가기도 했다. 주변 탐험은 무궁무진하여, 늘 새로운 산책 모험이 우리를 기다렸다. 계절마다 다른 옷을 입는 산책길은 매일매일 새롭게 다가왔다. 그렇게 한바탕 몸을 쓰고 난 후의 점심은 꿀맛. 선생님들의 정성도 한몫을 하는지, 아이들은 밥을 참 맛있게 잘 먹었다. 대부분 두 번씩 먹고는 하였다. 주방을 대충 정리하고 교실로 올라와 양치질을 한 후 어린 아이들을 한쪽에서 재우고, 큰 아이들은 그림을 그리거나 책을 보는 등 조용한 활동을 하며 오후를 보냈다. 그래도 에너지가 남은 아이들을 위해 선생님 한 분은 아이들을 데리고 나가 놀기도 했다. 2시쯤부터는 한 선생님은 오후 간식을 준비하러 주방으로 내려가고, 남은 선생님이 아이들과 하루를 정리한다. 놀잇감과 교실 정리, 옷매무새 살피기, 가방 등을 챙기고 다 함께 노래를 부르고 동화도 들으며 하루를 정리했다. 3시엔 간식을 먹었다. 되도록 부침개, 핫케이크, 떡볶이 등 아이들이 좋아하는 간식을 주고 싶었지만, 여러 아이들을 챙겨야 하고 다른 일들도 있어 일주일에 2번, 3번으로 만족해야 했다. 오후 간식을 먹고는 3시 30분에 집으로 갔다. 놀이터에 모여 둥글게 손을 잡고 원을 만들어 "내일 다시 만나요." "선생님 안녕히 계세요." "친구들 안녕!" 하며 인사를 나누고 아이들을 보냈다. 아이들은 그 먼 길을 걸어 다녔다. 종종걸음으로 걸어오던 아이들. 동네, 동네를 걸어서 오가며 서로서로 무리지어 다녔다. 어린이집을 나서면 개월 방향으로 한 무리, 송풍 쪽으로 한 무리로 나뉘었다. 송풍 방면 아이들은 다시 구정리로, 창정으로, 화신리로 나뉘어 걸어갔다. 어린이집 오는 길엔 무리가 점점 커지고, 집으로 가는 길엔 무리가 점점 작아졌다.

●●

모래놀이

모래놀이와 흙놀이는 아이들이 가장 좋아하는 놀이다. 오전 간식 먹고 나와서 놀고, 오후에 또 놀고… 주말엔 동네 아이들이 와서 놀고… 그래서인지 얼마 지나지 않아 모래가 없어진다. 아이들 주머니에, 바짓단에, 가끔은 머릿속에도 모래가 있다. 마당 흙과 섞이기도 하고 혹은 빗물에 씻겨 내려가기도 해서 계속 채워줘야 한다. 그것도 거칠지 않고 고운 모래로. 아이들에게는 최소한의 비용을 받고, 나머지는 바라지 후원으로 살아가는 어린이집 재정 형편으로는 모래를 살 수 없었다. 그래서 우리는 가끔 동네 청년들이나 학부모들과 함께 경운기를 냇가에 대고 모래를 퍼오곤 했다. 장화를 신고 삽으로 푹푹 퍼서 경운기 한가득 탈탈거리며 싣고 와서는 마당에 모래 거르는 체를 세워 놓고 다시 삽질로 체에 던져, 거친 모래나 이물질을 거르면 임무 완수. 다시 얼마간 모래놀이터를 채울, 우리가 퍼온 고운 모래를 보니 또 하루가 지났다.

당시만 해도 홍동을 흐르는 냇물은 맑았다. "시냇물은 졸졸졸졸…." 이란 노랫말이 절로 나오는 돌다리도 있는 예쁜 천이었다. 그런데 얼마 지나지 않아 냇가에 큰 규모의 돼지농장이 들어왔고, 오수를 그대로 방류하기 시작했다. 비가 오는 날은 이때다 싶게 분뇨를 내보냈다. 홍동천의 물은 더러워져 점점 냄새가 나고, 흙은 까맣게 썩어갔다. 더 이상 경운기로 모래를 퍼 와서 아이들 모래놀이로 줄 수 없는 지경에 이르렀고, 이후엔 모래를 사와야 했다.

●●

아이들 놀이

봄 산책을 하며 냉이, 쑥을 뜯어 된장국, 나물, 떡을 만들어먹고 토끼풀꽃, 싸리꽃으로 반지며 목걸이, 화관도 만들고 여름엔 마랑의 봉숭아로 손톱을 물들이는 등, 아이들은 자연과 더불어 자랐다. 식물교육만으로는 채워지지 않았는지, 오리와 돼지를 기르기도 했다. 하얀 오리여서 '하양'이라고 불렀던, 아기오리 하양이는 장맛비가 밤새 내린 날, 물놀이하라고 묻어준 작은 아기용 목욕탕에 빠져 나오질 못했다. 아기돼지에게도 '하양'이란 이름을 붙여주었는데, 어린이집을 비워 굶기는 날이 많아져, 원래 주인에게 돌려주었다. 나중에 들은 이야기로는 어느 정도 자란 후 동네에서 나눠먹으려고 이 돼지를 잡았는데, 고기가 아주 맛있었다고 한다.

요즘 어린이집엔 보육실습생들이 오지만, 그때는 홍동과 갓골에 손님들이 많이 왔고, 이 손님들의 숙소로 어린이집 교사숙소를 많이 이용했다. 교육에 관심이 많은 사람도 있었고 시골에서 쉬고 싶어 오는 사람들도 있었다. 이들은 자연스럽게 아이들과 놀아주고, 어린이집 일손도 거들었다. 다행히 아이들도 다양한 사람들과 만나는 것을 자연스러워 해서 나는 이들과의 시간을 지금의 자원봉사 활동과 보육실습에 비유한다.

●●

빨간부채, 파란부채

아이들은 그림 그리는 것을 좋아했고 또 잘 그렸다. 그림에는 이야기가 있었다. 이야기들이 흘러넘쳤다. 선생님들이 모두 예술 감수성이 있어서였을까? 자연의 힘일까? 아이들은 어린이집에 오면 미술실에 들어가 그림부터 그렸다. 누가 시키지 않아도 만들기, 그리기, 꾸미기 등을 활발히, 훌륭하게 잘했다.

그냥 끼적거리기만 해도 선생님들은 아이들의 모든 끼적임을 존중했다. 선생님이 진심으로 눈을 맞추면 아이들은 자기 그림 이야기를 들려준다. 그럼 선생님들은 그 이야기를 토씨 하나 놓치지 않으려는 듯 세심하게 경청했다. 가끔 맞장구도 치며, 아이들 이야기를 그림 옆에 적었다. 아이들은 자기 이야기를 잘 받아 적었는지 다시 읽어보라고 했다. 만약 맘에 들지 않으면, 다시 쓰라고 하기도 했다. 글을 읽을 줄 모르는 아이인 줄 알면서도 우리는 아주 진지하게 아이들 말을 따랐다. "천천히 다시 말해줄래? 그래, 아 그렇구나."라며 아이들 이야기를 받아 적고는 했다. 옛날 이야기를 많이 들려줘서인지 아이들 이야기는 풍부하고 재미있었다.

여름이 다가와 '빨간 부채, 파란 부채' 옛 이야기를 들려주던 때였다. 희선이가 그림을 그린 후 여느 때처럼 그림 이야기를 써달라며 가져왔다. '빨간 부채를 부치니 아저씨의 코가 점점 늘어나 하늘 높이높이 올라가 구름을 뚫고 갔답니다.' 부채를 부치며 누워있는 아저씨 코가 높이 올라가 종이 끝까지 가서 끊겨 있었다. 나머지 코를 찾는 선생님에게 희선이는 종이를 뒤집어서 높게 높게 올라가 구름에 걸려있는 코를 보여줬다. 웅장한 자연이나 예술품을 보고 감동하듯이 우리는 매일 아이들을 보고 감동했고 이 감동을 서로 나누었다.

●●

여름캠프

장마가 시작되기 전, 바다가 붐비기 전인 6월 말 여름캠프를 했다.

여름에 들어서면서부터 어린이집은 캠프 준비로 활기차다. 캠프파이어 때 입을 인디언 치마를 만들기 위해 빨강, 파랑, 노랑 비닐끈으로 머리 땋듯이 땋아 허리끈을 만들고 여기에 여러 갈래의 짧은 끈을 엮고, 손이나 빗으로 얇게 나누면 인디언 치마가 된다. 짧은 끈을 얇게 나눌수록 더욱 풍성한 치마가 된다. 더 풍성한 치마가 제일 멋진 치마가 되기라도 하는 양, 아이들은 어린이집에 오면 자기 치마를 찾아 조그만 손으로 더욱 얇게 나누곤 했다. 조 이름을 짓고, 노래도 만들고, 캠프파이어를 할 때 무슨 춤을 출 것인지 머리를 맞대고 이야기를 했다. 갓골에서의 여느 활동처럼 아이들과 함께 준비하고 즐기는 '갓골 여름캠프'였다.

나의 첫 여름캠프는 86년 6월 어느 날 오후, 물놀이와 하룻밤 잘 채비를 하고 어린이집에 오는 아이들을 맞이하는 것으로 시작되었다. 이때도 동네 사람들의 도움을 받았다. 몇몇은 밥 준비, 아이들 돌보기 등의 도움을, 몇몇은 캠프파이어와 물놀이 안전 등의 도움을 주었다. 각자 집에서 점심을 먹고 아이들이 어린이집에 오기 시작하면, 아이들과 같이 캠프 준비를 한다. 마당을 정리하고, 캠프파이어를 할 장작을 옮기고, 교실 정리도 한다.

아이들이 다 모이면 어린이집에서 이른 저녁을 먹고, 미리 만들어 놓은 인디언 치마를 입고 얼굴엔 수성물감으로 분장을 한다. 조별로 노래와 율동을 연습하고, 캠프파이어가 준비된 마당으로 나간다. 이 캠프파이어도 동네 청년들이 집에 쌓아놓은 장작더미를 가져다 만들어 주었다. 보기에는 쉬워 보이지만 장작을 알맞게 쌓고 불을 지피는 일은 꽤 기술이 필요하다. 아이들과 장작 주변에 모인 후 점화식을 하는데, 간단히 불을 지피는 경우도 있었지만, 어느 해는 미끄럼틀 꼭대기부터 장작불까지 철사를 이어놓고, 한 사람이 미끄럼틀에서 석유 먹인 솜뭉치에 불을 붙여 내려 보내면, 경사진 철사를 따라 불붙은 솜뭉치가 내려와 장작불에 불이 붙는 장면을 연출하기도 했다. 어디서 보고 와서 이렇게 저렇게 해달라고 하면, 뭐든 만들어 내는 동네 청년들 덕분에 행사가 풍성할 수 있었다. 처음엔 "그런 건 뭐 하러 하냐"며, 핀잔을 주다가도 막상 철사를 타고 내려오는 작은 불꽃이 장작불에 붙으며 크게 어우러지는 장면을 보고는 그 무뚝뚝한 사람들이 더 좋아하기도 했다. 불이 붙으면 우리들은 모두 노래를 부르고 춤을 춘다. 불꽃만 봐도 노래와 춤이 절로 나온다. 준비한 노래와 율동을 하고, 장기자랑도 하며 모닥불 가에서 한바탕 논다. 어느덧 모닥불이 스러질 즈음엔 밤참으로 먹을 고구마를 아이들과 호일로 싸서 모닥불에 넣는다. 고구마가 구워질 동안 이번엔 밤 산책을 나간다. 선생님과 아이들은 분장을 한 채로 가장무도회를 하듯 동네를 한 바퀴 돈다. 늘 다녔던 산책길인데도 밤에 하니 새롭다. 밤하늘 별은 얼마나 많던지. 마실을 가다 마주치는 동네 어른들은 우리를 보고 함박웃음을 지으신다. "갓골어린이집 아이들이구먼.", "어이구 이쁜 치마도 입었네." 어린이집에 돌아오면 스러진 모닥불에 맛있는 군고구마가 우리를 기다린다. 캠프파이어를 신나게 하고, 밤 산책도 하고 와서 출출하던 아이들은 별이 빛나는 밤하늘 아래서 고구마를 맛있게 먹는다.

이제 하루를 마무리할 시간. 물감과 땀으로 얼룩진 얼굴과 몸을 씻고, 양치질도 하고 잠옷으로 갈아입는 동안 한편에서는 잠자리를 만든다. 준비가 다 되면 선생님들과 아이들, 동네 청년들 모두 동그랗게 앉아 초를 하나씩 나누어 갖는다. 가운데는 선생님들이 미리 만들어 놓은 십자가 촛대가 있다. 촛대라고 해도 나무판자에 큰 못을 박아 뒤집어 놓은 후 호일로 전체를 감싼 것이다. 선생님 한 분이 첫 촛불을 밝힌 후, 옆 아이에게 불을 전달하고, 아이는 다시 옆에 앉은 동네 어른에게 전달하고, 모두의 촛불이 밝혀지면, 은박 십자가 촛대에 차례로 꽂는다. 활활 타오르는 십자가라니…. 촛불을 보며 하고 싶은 이야기를 나눈 뒤, 선생님의 마무리 인사로 긴 하루를 마무리한다. 잘 먹고 잘 논 아이들은 대부분 금방 잠이 들지만, 뒤척이는 아이들은 선생님들이 옆에 누우니 이내 편안히 잠든 숨소리가 들린다. 어른들 몇몇은 교실에서 아이들을 돌보고, 몇몇은 모닥불 정리, 저녁 설거지 등을 하며, 마무리를 한다. 선생님들은 아이들과 자면서 중간에 아이들을 깨워 화장실에 가게 하지만 피곤하고 낯선 곳에서의 잠자리로 긴장한 아이들은 오줌을 싸기도 한다. 선생님들은 이리저리 굴러간 아이들 제자리에 눕히랴, 꿈을 꾸며 흐느끼는 아이들 토닥여주랴, 아침 준비하랴, 어둠 속에서도 수리부엉이처럼 분주하다.

새벽 어스름 무렵 눈을 잠깐 붙이는데, 부지런한 새들이 교실로 들어왔나 "삐약삐약, 짹짹, 호로롱호로롱" 귓가가 간지럽다. 그러면 그렇지. 요놈들이다. 부지럼둥이들이 일어나 바스락거리니 도미노처럼 하나, 둘 기지개를 켠다. "선생님 잠꾸러기래요." "선생니-임. 일어나요!"

준비해둔 아침을 먹고 대천 바다로 출발했다. 요즘엔 '기차여행'이라며 '기차'를 목적으로 하는 여행을 하지만, 기차는 어디까지나 교통수단이다. 목적지로 가려고 기차를 타는 것, 이게 바로 상황중심 교육이었지 싶다. 돌아보면 모든 활동이 그러했다.

기차와 버스를 갈아타고 도착한 대천 바다에 아이들과 풍덩풍덩 들어가면, 전날 캠프 진행과 아이들 잠자리 챙기느라 거의 밤을 새운 선생님들은 다시 기운이 난다. 바다와 모래만 있으면 아이들 세상이다. 여러 고마운 사람들 덕분에 신나고, 안전한 바다 물놀이를 하고, 다시 버스 – 기차 – 버스로 어린이집에 돌아오면, 놀이터에 부모님들이 기다리고 계셨다. 선크림도 안 발라 새까매진 아이들과 선생님들을 반기며 맞아주셨다. "애들아 세 밤 자고 만나~." 얼마나 행복한 인사던지.

●●

갓골여름학교

언니, 오빠들과 같이 방학을 해야 서로 돌보며 지낼 수 있어 여름과 겨울 방학을 학교와 맞추어 했다. 그리곤 방학 시작과 함께 '갓골여름학교'라는 일주일간의 초등학생 대상 프로그램을 열었다.

마침 대학생 농활대가 오는 때라 이들과 함께 다양한 프로그램을 할 수 있었다. 대부분 홍동초등학교 아이들로, 갓골어린이집 졸업생이거나 아이들의 언니, 오빠 그리고 동네 아이들이 두루두루 참여했다. 오전 9시부터 12시까지 하는 프로그램으로 간식도 주었다, 아마 간식을 먹으러 오는 아이들도 있었을 것이다.

풍물, 연극, 만들기, 체험하기 등 30여 명의 아이들이 갓골어린이집을 누비며 놀았다. "모두 한 걸음 더 나가자. 모두 한 걸음 더 나가자. 낡은 것을 모두 벗어 버리고…" 이 노래는 내가 아이들보다 더 목청껏 불렀다. 나는 이 노래가 좋았다. 한 걸음 더 나가자는 말이.

지금처럼 컴퓨터나 스마트폰이 없던 시절, 동네 아이들을 위해 문을 활짝 연 갓골어린이집은 30년 전에 이미 '열린 어린이집' 역할을 하고 있었다. 그런 시간을 보냈다. 아이나 어른이나 모일 만한 공간이 없던 시절, 갓골어린이집은 아이들의, 어른들의 동네 사랑방, 마실방, 살롱이었다.

우리 선생님들의 여름휴가는 '갓골여름학교'를 마치고 시작되었다.

●●

가을소풍

가을소풍은 해미읍성으로 갔다. 홍성에서 서산 가는 길목에 있는 해미는 읍성이 그대로 보존되어 있는 곳이다. 어찌 그런 곳으로 가을소풍을 갔을까? 선생님들의 안목이 놀라울 따름이다. 읍성엔 담쟁이 넝쿨이 무성하고, 파란 하늘과 어우러진 코스모스는 그 자체로 그림이다. 가을에는 아이들이 좀 커서 데리고 다닐 만했다. 아이들은 도시락과 간식을 넣은 소풍가방을 메고, 선생님들은 돗자리와 약품, 보물찾기 할 것 등을 들고 홍동에서 버스를 타고 홍성으로 가서, 다시 해미 방면 버스를 타고 갔다. 성곽이 원형대로 보존되어 있는 해미읍성에 들어서면 너른 잔디밭이 펼쳐지고, 아름다운 코스모스가 군락을 이루고 있다. 초가집과 관아를 지나 팔각정에 오르면 읍성이 한눈에 들어온다. 높은 가을하늘과 코스모스 그리고 옛 숨결이 느껴지는 읍성을 걷는 것만으로도 풍요로운 시간이었다. 소풍 마무리는 코스모스 군락에서 보물찾기. 배를 채운 덕에 가벼워진 가방을 메고 돌아오는 길도 역시 버스를 갈아탄다. 버스에서 꾸벅꾸벅 조는 아이들을 내리는 시간에 맞춰 깨우며 돌아오면, 아이들은 되살아나 더 놀다 가려 한다. 그래도 소풍인지라, 우리들은 녹초가 된다.

갓골어린이집 덕분에 해미읍성을 알게 되었고, 아이들과 소풍가던 그곳을 요즘은 딸들과 가곤 한다. 그리고 누군가 홍성에 놀러오면 꼭 추천하는 곳이다. "해미(海美)… 이름도 참 예쁘지요?" "아이들과 이 성문을 지나 저기 관아까지 달리기를 하곤 했지요. 저기선 씨름도 하고, 코스모스가 얼마나 예쁘다고요… 여기로 아이들과 소풍을 왔었어요." 물어보지 않아도 해미만 가면, 저절로 되뇌곤 한다.

●●

온양민속박물관

온양민속박물관으로 소풍을 가기도 했다. 홍동에서 홍성까지 버스를 타고 가서 기차역까지 20분 정도 걸어갔다. 아이들 걸음이기도 하고, 이때만 해도 홍성 버스터미널과 홍성 기차역과의 거리가 멀었다. 기차시간에 맞추려고 열심히 걸어간다고 갔는데, 아슬아슬하게 기차역에 도착해서 간신히 기차를 탈 수 있었다. 역무원이 우리를 보며 "아이들이 뭐를 배우겠냐"며 기차시간을 제대로 못 맞춘 선생님들을 나무라신다. 내색은 안 했지만 당시는 무척 기분이 나빴다. 나름 열심히 한다는 생각으로 무리하게 일정을 잡고 스스로 대견하다고 여겼던 시절이었다. 아이들 위주라고 했지만, 많은 게 우리들 위주였던 시간들을 돌아보며 반성한다. 하늘이 도와 기차를 놓치지 않았지만, 만약 기차를 놓쳤다면 아이들을 설레게 한 '기차를 타고 가는 소풍'은 할 수 없었으리라.

이러한 많은 일들이 감사히 잘 이루어졌다. 아이들이 크게 다치지도, 아프지도, 또 우리들이 계획한 일들이 범주를 많이 벗어나지도 않았으니 말이다. 감사하고 또 감사한 시간이었다. 그 당시 그렇게 용감하게 홍성을 휘젓고 다닌 어린이집은 갓골밖에 없었을 터. 어디를 가도 "아! 갓골어린이집!" 하고 알아보는 사람들이 많아져, 홍보는 자연스럽게 될 수 있었다.

홍성에서 온양까지는 기차로 1시간 정도 간다. 온양역에서 내려 민속박물관까지 20분 정도를 또 걷는다. 거리를 걷는 걸음걸음이 다 소풍이다. 여기 좀 봐, 저기 좀 봐, 랄랄라 노래도 부르며 도착한 민속박물관은 개인 박물관 치고 꽤 크다. 아이들과 둘러보고 잔디밭에서 도시락을 먹는다.

놀다보면 어느 새 돌아갈 시간. 걸어서 온양역까지 가야 하니 갈 길이 멀다. 하지만 우리에겐 가는 길 또한 즐거운 산책이다. 역에 도착하니 시간이 좀 남는다. 주변 쇼핑센터엔 마침 엘리베이터가 있어서 아이들과 엘리베이터를 타며 또 삶을 만난다. 다시 기차를 타고 홍성에

도착해서, 또 걸어 버스터미널로 간다. 터미널에서 버스를 기다리며 동네 어른들을 만난다. 이 모든 것이 이리 자연스러울 수가…. 요즘 같으면 상상할 수도 없는 일이다. 우리는 그렇게 조금 무모했지만 용감히 삶을 만났고, 스스로 배웠다.

●●

선생님과 자는 날

6, 7세 아이들은 1년에 한 번, 3–4명씩 조를 짜서 어린이집 교사숙소에서 선생님들과 친구들과 자는 날을 갖는다. 너무 덥지도 춥지도 않은 초가을 무렵 목요일에 아이들은 하룻밤 잘 채비를 하고 어린이집에 온다. 당일은 어린이집에서 평소처럼 일상을 보내고, 이 아이들은 남아 집으로 가는 아이들을 선생님들과 함께 배웅한다. 아이들을 보내고 선생님과 어린이집 교실과 주방 정리를 하고 저녁을 준비한다.

저녁 메뉴는 노란 언덕 오므라이스. 감자, 당근, 양파 등 각종 채소를 아이들과 다듬고 볶은 후, 밥과 함께 한 번 더 살짝 볶는다. 하이라이트는 계란을 덮는 장면. 계란을 잘 저어 후라이팬에 넓게 펼치고, 살짝 익으면 그 위에 채소와 볶아 놓은 밥을 올린다. 이때 밥을 동그란 그릇에 담아 꽉꽉 눌렀다 잎으면 자그마한 언덕같이 예쁜 모양이 된다. 계란으로 밥을 예쁘게 싸서 둥근 모양으로 만든 후 접시를 받치고 뒤집으면 아주 예쁜 노란 언덕 오므라이스가 된다. 와우… 나도 군침이 돈다. 아이들과 채소를 다듬고, 자르는 것도 해보고, 계란도 풀어보면 노란 언덕 오므라이스가 되는 것을 고스란히 해낼 수 있다. 평소 시골에서는 잘 해먹지 않는, 모양을 낸 오므라이스는 그 자체로 오늘을, 지금을 행복하게 한다. 게다가 케첩으로 노란 언덕에 꽃, 나비, 새, 아이들 이름 등을 그리면 그냥 케첩이 아닌 화구로서의 케첩이 되는 순간도 선물로 온다. 86년 처음 '선생님과 함께 자는 날'의 노란 언덕 오므라이스는 내 인생요리가 되었다.

내 오므라이스엔 케첩으로 무슨 그림을 그렸을까? 아마 한자로 이름을 쓰고 싶었을 것이다. 하지만 케첩으로 그려야 해서 이 날은 한글로 '루미'라고 썼으리라. 내 이름을 지으실 때 아버지는 두꺼운 옥편을 두고 고심하셨다고 한다. 위로 오빠 둘에 바로 위 한 살 터울의 언니가 있던 상황에서 나를 가진 어머니는 셋으로 만족하려고 병원을 가며 아버지에게 전화를 하셨단다. 병원에 가면 즉시 이혼한다는 아버지의 으름장에 어머니는 발길을 돌리셨고, 그렇게 낳은 막내가 또 아들이기를 바랐던 당신 욕심을 상쇄하고자 했나. 내 이름에 심혈을 기울이셨다고 한다. 내 이름의 '루(瓃)' 자는 웬만한 옥편에는 없고, 현재 컴퓨터에도 들어있지 않아 손으로 써야 한다. 이름하여 '옥그릇 루(瓃)'에 '아름다울 미(美)'. 이 멋진 이름을 지어주신 것만으로도 우리 아버지는 내게 할 만큼 다 하신 거다. 더 바랄 게 없다.

그렇게 자신만의 오므라이스를 더 이상의 만찬은 없다는 듯이 아껴가며 맛있게 먹고, 부른 배도 비우고 저녁운동도 할 겸 설거지를 마치고 동네 산책을 나선다. 송풍 쪽으로 나가 살짝 오른쪽으로 꺾어지면 파출소가 있고 맞은편엔 홍동면사무소가 있다. 면사무소와 풀무신용

협동조합(풀무학교에서 시작되었으며 민간이 자발적으로 조직한 최초의 협동조합운동 중 하나로 여신업무를 하고 있다.) 사이로 난 길로 가다보면 홍동초등학교가 나오고, 조금 더 가면 디딤돌도서관이 있는 창정마을이다. 창정마을은 '주(朱)' 씨 집성촌이다, 서울에서는 보기 드문 '주'씨가 여기는 가장 흔한 성씨 중 하나이다. 풀무학교 설립자이신 주옥로 선생님도 이곳 '신안' 주씨 가문이다. 그래서인지 창정마을과 갓골마을로 이어지는 산길을 올라가다 보면 주씨 사당인 창주사가 나온다. 창주사 맞은편엔 재실(齋室)이 있어 매년 제를 지낸다. 아이들과 이 제를 보러 간 적도 있었다.

별 것을 다 참견하며 돌아 돌아 갓골 동네를 거쳐 돌아온다. 동네 어른들을 보면 인사도 하고, 노래도 부르고, 가게도 기웃거린다. 어린이집에 돌아오면, 어느덧 아이들 눈가에 졸음이 어린다. 아이들을 씻기고, 잠옷으로 갈아입히고 잠자리에 들게 한다. 간혹 칭얼거리는 아이도 있지만, 대부분 아이들은 언니가 되어야만 기회가 주어지는 '선생님과 자는 날'의 긴장과 흡족함으로 선생님이 들려주는 옛날 이야기를 들으며 잠이 든다. 교사숙소에 있는 방 2개 중 한 방에 아이들을 재우고, 선생님들은 번갈아 가며 주방에서 아침 준비를 하고 아이들을 돌보았다. 우리는 아이들이 있어 온기가 도는 교사숙소에서 아이들과 함께 잠이 들었다. 마치 엄마처럼….

부지런한 아이들이 우리보다 먼저 일어나 어스름 빛 속에서 재잘거리는 소리에 아침이 온 것을 안다. 이불 속에서 뒹굴거리며 아이들과 이야기 나누다보면, 다른 아이들도 자연스레 일어난다. 선생님 한 분은 아침 준비를 위해 주방으로 가고, 한 선생님은 아이들과 이부자리를 정리하고, 세수를 하고 선생님 크림도 바르고 머리도 예쁘게 묶어준다. 교사숙소 세면실은 양변기와 수도꼭지 하나만 있는 작은 공간이었다. 지금 생각하면 좁고 불편했을 텐데, 그때는 그 정도 어렵고 불편한 것은 그리 문제가 되지 않았다. 조금 양보하고 감수하면 되었다.

간단하면서도 맛난 아침을 먹고 아이들과 '아이들'을 함께 맞이하는 아침이다. 등원하는 아이들이 선생님과 자기들을 맞이하는 아이들을 보며, 눈이 휘둥그레진다. 우리와 밤을 함께 보낸 아이들은 한 뼘은 큰 듯하다.

●●

덕산온천

아이들과 덕산온천에 가는 날이다. 물놀이도 하고 몸도 씻고 자장면도 먹고…. 우리는 젊은 엄마가 줄줄이 낳은 아이들을 데리고 다니듯, 엄마 오리와 아기 오리들처럼 버스를 갈아타며 덕산온천으로 갔다. 집집마다 농사일로 바쁘기도 했지만, 아이들을 위해 무언가 해주어야 한다는 생각이 적었던 그 당시엔 목욕탕 가는 일도 소풍처럼 아이들 마음을 들뜨게 했다. "선생님하고 친구들과 같이 목욕탕에 가자. 물놀이도 하고 깨끗하게 씻기도 하고, 또… 자장면도 먹고…." "야호!"

홍동면소재지에서 홍성읍으로 가는 버스를 타고 갈 때는 "선생님 1명에 아이들 2명은 차비가 무료이고 나머지 아이들의 차비는 얼마이고" 하며 차장오빠(그 당시는 버스비를 걷는 차장이 있었는데, 서울은 언니였고 홍성은 오빠였다.)와 차비를 흥정했다. 귀여운 아이들도 있어서인지 시원하게 버스비를 깎아주곤 했다. 홍성터미널에서 곧바로 덕산 가는 버스가 연결되지 않으면 버스터미널 근처를 구경하며 돌아다녔다.

홍성에서 덕산까지는 버스로 20분 정도. 덕산에서도 물이 좋다는 원탕으로 갔다. 매표소 직원이 휘둥그레진 눈으로 쳐다본다. 아이들 엄마인가? 고아원 아이들인가? 속으로 점 치는 중이리라. 남자아이들도 물론 여탕으로 함께 들어간다. 사물함 열쇠를 몇 개만 받아 여러 아이들 옷을 같이 넣고, 모두 홀딱 벗고 탕으로 들어간다. 차례차례 머리를 감기고, 몸을 씻기고, 먼저 씻은 아이들은 선생님 한 분과 탕에 먼저 들어간다. 다른 선생님은 계속 아이들을 씻기고, 모두 냉탕과 온탕을 오가며 충분히 몸을 불리며 물놀이를 한다. 자, 다음은 때를 벗길 차례. 많은 에너지가 필요하니, 선생님들이 번갈아 아이들 때를 민다. 아프다고 하면서도 개운한지 깔깔거린다. 좋은 향기가 나는 선생님 샴푸로 머리를 감기니 눈에 거품이 묻어도 좋은가 보다. 서로 물을 끼얹고, 장난을 치며 복작복작 목욕을 한다. 목욕을 마치며, 다시 한 번 깨끗이 헹구고 나오는 아이들은 반짝반짝 빛이 난다. 수건으로 몸을 닦고는 선생님 로션을 바르라고 손바닥에 짜주면, 모두 로션 냄새를 맡느라 정신이 없다. 아이들 닦느라 어깨가 아파도, 볼 빨간 아이들이 그렇게 예쁠 수가 없다. 챙겨온 속옷으로 갈아입고 목욕탕을 나서면, 주변 어른들 모두 손주나 자식을 볼 때처럼 예쁘다, 착하다 하며 귀여워해주신다. 요즘은 노키즈 존이라고 아이들을 못 들어오게 하는 곳이

덕산온천 가는 길. 버스터미널에서.

많다. 어린 아이들이 자기들의 영역을 침범하는 것을 못 견뎌 한다. 참 너그럽지 못한 어른 중심 문화다. 걸음마를 안 하고 걸을 수 없는 것처럼, 초보운전 시절을 거치지 않고 운전할 수 없는 것처럼, 어린 아이 시기를 거치지 않은 어른은 없는 데도 말이다. 마르셀 푸르스트처럼은 아니더라도, 어른들이 스스로의 어린 시절을 조금만 '기억'한다면, 아이들을 밀어내지 않고 받아줄 텐데 말이다.

성공리에 목욕을 마쳤지만 우리 과업(?)은 아직 남아있기에 아이들 발걸음은 가볍다. 미리 점찍어 둔 중국집에 가서 아이들이 가장 좋아하는 자장면을 먹기 때문이다. 아이들은 반 그릇씩 먹어도 되니 20명이면 10그릇에, 선생님들 것 2그릇 해서 12그릇을 시키고, 빈 그릇을 10개 달라고 한다. 사장님은 돈은 안 되고, 일은 많아지는 어려운 손님들인데도, 자신의 아이들처럼 직접 먹여도 주시고 더 주시고는 했다. 목욕한 후에 먹는 자장면이라니. 우리는 춘장을 여기저기 묻혀가며 요란한 식사를 하고는 다시 홍성 행 버스에 올랐다. 이제 아이들은 목욕 뒤의 개운한 피로와 배부른 식사 후의 노곤함으로 끄덕끄덕 잠에 취한다. 푹 재우지 못하고 아이들을 깨워야 하는 맘이 아쉽지만, 아이들을 깨워 홍성터미널에 내리고, 다시 버스를 기다려 홍동으로 돌아온다.

요즘 같으면 현장학습 가기 전에 이것저것 주의할 점을 알려주느라 여념이 없는데, 그때 우리는 거길 가면 뭐가 좋을까, 얼마나 신날까를 아이들과 나누었다. 돌이켜보면, 5-7살 아이들 20명을 2명의 선생님이 어떻게 데리고 다녔을까 싶다. 그러면서도 아이들은 다치지도, 혼자 길을 잃지도 않았으니 말이다. 게다가 불편을 감수하며 따뜻하게 격려해주었던 주변 어른들은 또 어떠한가. 팔이 떨어져 나갈 듯 아프고, 목소리가 안 나와도 어려운 일을 서로 하겠다고 먼저 나서던 우리들의 그때 그 시간은 참으로 빛났다.

우리 선생님들은 흰 고무신에 빨간 볼을 하고, 아이들처럼 개운한 마음으로 하루를 마무리했다(흰 남성용 고무신을 신어보니 참 편했다. 슬리퍼는 자꾸 벗겨지고, 걸음걸이도 바르지 않고, 운동화는 물이 들어가면 안되고, 더러워지면 빨기 어렵다. 오일장에 가서 흰 남성 고무신을 사다 신으니 싸고, 가볍고, 마른 곳이나 진 곳을 다녀도 문제없고, 쓱쓱 빨기도 쉬웠다. 고무신은 농촌생활에 알맞은 신이어서, 아이들도 어른들도 즐겨 신었다.).

●●

서울여행

신선한 바람에 나뭇잎이 살랑거리는 가을이 오면, 큰 아이들(6, 7세)을 데리고 서울여행을 갔다. 갓골어린이집을 응원해주시는 박금자 선생님은 꾸준히 후원을 하시며 행사 때에도 지원을 아끼지 않으셨다. 참 어려운 일을 어렵지 않은 것처럼 하시는 감사한 분이다. 86년에도 선생님의 도움으로 2박3일의 서울여행을 했다.

홍성역에서 서울까지 기차를 타고 갔다. 대절한 버스로 서울역까지 마중 나오신 선생님과 과천으로 향했다. 모 유치원에 도착하니, 선생님들과 아이들, 학부모들이 우리를 반갑게 맞이한다. 인사를 나누고, 간식도 먹으며(아이들은 그곳 아이들과 친해지라고 선생님들이 교실로 데려가 간식을 먹이고, 놀게 하였다.) 원장선생님과 학부모님들과 이야기를 나누었다. 우리를 맞이하기 위해 각 가정에 안내문을 보냈고, 그중 원장선생님이 선별한 가정에 당부를 했으니 걱정 말라는 말씀을 해주셨다. 또한 대화를 통해 아이들을 초대하는 학부모들의 진정성을 느낄 수 있었다. 2명씩 한 조가 되어 친구들과 가는 아이들을 보며 선생님은 여기 있으니 걱정하지 말라고, 언니들은 동생들을 잘 챙기라고 당부했다. 대부분은 반갑게 맞이하는 학부모들과 또래 친구들 손을 잡고, 갓골 친구들과 서로 의지하며 손을 흔들며 갔지만, 낯선 환경에 적응하기 힘든 아이들은 중간에 돌아오기도 했다. 그러면 밤에라도 아이들을 데리고 우리 숙소(후원자이신 박금자 선생님 댁)로 데리고 와서 지냈다. 아이들이 홈스테이 하는 곳은 같은 아파트 단지여서 상황에 빠르게 대처할 수 있었다. 휴대폰이 없던 때라 무슨 일이 생기면 집전화로 연락을 해야 해서 우리는 24시간 대기했고, 저녁식사 후엔 아이들이 간 집으로 전화를 걸어 아이들의 상황을 파악했다. 아이들과 통화를 하면, 울먹이는 아이들도, 신나 하는 아이들도 있다. "재석아, 동생 부탁해. 선생님 곧 만나니 걱정 말고…." 이건 영락없이 엄마가 아들이나 딸에게 당부하는 말이다. 밤새 무슨 일이 생길 수도 있어 우리는 전화기 옆에서 긴장한 채로 잠을 잤다.

박금자 선생님 초청 서울여행.

다음 날은 아이들이 각 가정에서 아침을 먹고, 싸주신 점심 도시락을 갖고 유치원에 모였다. 하룻밤을 지냈다고, 그새 정이 든 모양이다. 눈시울을 붉히는 학부모들도 계셨고, 그중 몇 가정은 우리와 함께 과천 서울대공원으로 향했다.

유치원에서는 기사님이 운전하는 유치원 버스를 보내주고, 박금자 선생님은 열 일 제치고 함께 나서주셨다. 미리 어디 어디를 갈지, 입장료는 얼마인지, 몇 시에 어디로 이동할지를 가늠하고 길눈 어두운 우리를 인도해주셨다. 동물원과 놀이동산에서 신나게 놀고, 정성껏 준비해 주신 도시락도 먹고, 어느덧 오후가 되어 우리는 박금자 선생님 댁으로 아이들과 함께 갔다. 그날 선생님은 두 아들과 남편도 다른 곳으로 보내고, 우리들만으로 아파트를 채우셨다. 그때 선생님 두 아들도 아직 어렸는데, 우리에게 엄마를 양보해야 했다.

아이들과 복닥복닥 선생님 댁에서 하룻밤을 자고나니 어느새 집에 가는 날이다. 아침을 해먹고 짐을 챙겨 나오는데, 선생님이 따라 나오신다. 서울역까지는 배웅하러 가야 한다며, 홍성까지 같이 가야 하는데 못 가서 미안하다고 하신다.

홍성으로 돌아오니 어린이집으로 부모님들이 마중 나오셨다. 우리는 아이들을 보내고, 숙소로 돌아와 무사히 서울여행을 마쳤음을 감사 또 감사했다.

서울여행을 하고 돌아오면 한동안 아이들은 책상을 모아 침대로 만들어 놀았다. 그러면서 아이들은 재잘거렸다. "난 침대에서 잤다." "너도 침대에서 잤니?" 하나 더 이야기하는 것은 좌변기 화장실. 거름도 필요하고, 화장실 현대화가 덜 되어 푸세식 화장실이 대부분이던 시절, 아파트의 깨끗한 좌변기 화장실이 아이들에겐 꽤나 인상적이었나 보다. 2박3일간 일정으로 서울을 다녀온 아이들은 전과 다름없는 모습이었지만, 내면은 세상탐험을 통해 한 뼘씩 자라 있었다.

●●

작은 가을잔치

농촌 가을걷이가 끝날 즈음인 10월 말이나 11월 초엔 추수감사 잔치인 '작은 가을잔치'를 했다. 이때쯤 어린이집 마당에서 바라보는 들녘엔 그루터기만 남은 논마다 소 먹일 볏짚을 묶는 작업이 한창이다. 낫으로 벼를 베거나, 바인더라는 벼 베는 기계로 벼를 베고 위 아래를 뒤집어주며 며칠을 말린다. 그 후 탈곡을 하고 남은 볏짚은 겨우내 소가 먹는 귀한 양식이다. 바짝 마른 볏짚을 묶어 논 한쪽에 켜켜이 쌓아 놓고 그때그때 필요한 만큼 가져다 먹였다. 축산 농가가 꽤 많아 홍동의 가을걷이는 볏짚쌓기까지 해야 마무리되었다. 물론 여자들에겐 김장이란 큰일이 남아있기는 했지만….

작은 가을잔치.

'작은 가을잔치'날엔 이른 저녁을 먹고 온 식구들이 어린이집에 모였다. 저녁 6시밖에 안 되었지만, 깊어가는 가을 밤은 제법 빨리 찾아온다.

가로등도 없을 때라 손전등을 들고, 혹은 별빛을 받으며 삼삼오오 어린이집으로 온다. 어린이집 입구에 있는 주방과 교사숙소 전등불을 일부러 밤바다 등대처럼 환히 켜놓아 '어서오세요. 환영합니다.'라는 인사를 대신하게 한다. 어린이집 교실은 보일러가 안 깔려있어, 카펫이나 방석을 깔고 앉고 연탄난로만으로 난방을 해도 불평 한마디 없이 즐거운 모습이다. 어차피 다 가지고 누릴 수 없다면, 뭔가를 우선해야 한다면, 당시 우리는 '아이들'만 보고 간 듯하다. 변변한 시설도 환경도 아니었지만 참으로 빛나는 아이들이 있었으니 말이다.

추수감사를 겸한 잔치였으므로 집집마다 거둬들인 농산물을 조금씩 가져와 책상에 놓았다. 커다란 호박, 김장 무, 배추, 고추, 대추, 밤, 사과, 감, 추수한 볏단 등을 보며 자연과 농부들께 감사한 마음을 가졌다. 이 감사의 결실들은 잔치가 끝난 후에 과일은 간식으로 채소는 반찬으로 아이들과 함께 먹었다.

잔치 1부는 아이들 노래와 율동, 동극, 합주 등의 솜씨를 가족들 앞에서 뽐내는 시간이었다. 작은 동네라 서로 다 알고 지냈고 가깝거나 먼 친척, 사돈지간인 사람들도 많아 아이들이 나올 때마다 자신의 아이인 것처럼 박수와 관심이 쏟아졌다. 아이들 공연이 끝나면 햅쌀로 지은 떡과 어머님들이 만들어 오신 식혜를 먹고 2부 가족 장기자랑을 했다. 누가 잘하고 못하고도 없고, 모든 가족이 나와 인사하고 함께 노래를 부르는 자리였다. 홍동이 홍성군 농민회의 태동지이고, 여러 대학생 농활대, 풍물패가 오는 곳이라서인지, 가족이 부르는 노래도 남다르다. "엄마야 뒷집에 돼지 부랄 삶더라. 좀 주더냐? 좀 주대요. 맛있드냐? 맛없대요. 찌찌 지린내가 나대요. 꾸꾸 꾸린내가 나대요."

1986년 나의 첫 가을잔치에는 대학동기들 대여섯 명이 놀러왔다. 느닷없이 시골로 간 친구를 처음으로 찾아온 것이다. 유아교육과 출신들이니 즉석 동극이 가능했다. 제목은 '빨간모자'. 대학 연극반에서 활동하던 친구가 있어 주인공인 늑대를 맡고 나머지 친구들이 빨간모자며 사냥꾼, 할머니, 나무 등을 맡았다. 어린이집 주변에 있는 소품들을 이용해서 무대를 만들고, 하룻밤 사이 대본을 짜 연습을 하고, 작은 가을잔치 무대에 올렸다. 동극의 완성도보다는 푸릇푸릇한 정성이 갸륵했지 싶다. 우리들 스스로도 즐거웠고 아이들도, 가족들도 즐거워했으니 이보다 더 좋을 수 없었다. 아이들 덕분에 홍동 늦가을 밤이 밝게 빛난 날이었다.

●●

오토바이를 탄 산타할아버지

12월, 겨우살이 준비로 김장을 하고, 한 해 모든 일정을 마무리할 무렵 크리스마스가 찾아온다. 갓골어린이집은 산타할아버지 가정방문 행사까지 마치고 겨울방학에 들어간다. 홍동에 와서 처음 맞는 크리스마스. 안식교 선교사들에게 한국말을 가르쳤던 어머니 영향으로 나는 어릴 때부터 크리스마스가 다가오면 선물을 준비하네, 카드를 만드네, 트리는 어떻게 꾸밀까 하며 들뜬 시간을 보내곤 했다. 하지만 홍동에 와보니, 아니 홍성 번화가에서도 크리스마스 분위기는 별로 느낄 수 없었다, 그래도 아이들과 어린이집을 멋지게 꾸민다는 마음으로 두 처자가 톱을 들고 눈 덮인 산에 가서 소나무를 잘라다 트리를 만들고, 아이들과 카드도 만들었다. 낮에는 아이들과 함께 밀가루에 베이킹소다, 우유, 버터, 설탕, 소금을 넣고 전기밥솥 혹은 뚜껑 있는 후라이팬으로 케이크를 만들었다. 보드랍고 따뜻하고 달콤한 케이크를 먹으며 크리스마스 파티와 함께 겨울 방학식을 했다. "한 살 더 먹고 모두 언니가 되어 만나자"는 겨울방학 인사를 나누고 아이들을 집으로 보낸 후, 날이 어두워지기를 기다려 산타할아버지와 어린이집을 나섰다. 크리스마스 선물은 선생님들이 준비하거나 부모님들이 아이들 몰래 어린이집에 갖다 놓았고, 산타할아버지는 아이들 아버지 중 한 분이었다.

갓골 산타할아버지는 오토바이를 타고 다녔다. 아이들 집이 여기저기 떨어져 있어, 산타가 방문을 하려면 이동수단이 필요했고, 당시 오토바이는 시골의 주요 이동수단이었다. 그래서 산타할아버지의 필수 조건은 '오토바이가 있는가' 였다. 첫해는 90cc 오토바이로 방문을 했고. 1년 후에는 125cc 오토바이로, 2년 후에는 자동차로 다니게 되었다. 빨간 산타 옷에 흰 수염을 휘날리며 오토바이를 타고 부르릉 시골 길을 달리는 산타할아버지를 상상해 보시라. 게다가 오토바이 꽁무니엔 웬 아가씨가 빨간 보따리를 둘러메고 산타할아버지와 타고 있었으니….

산타가 오토바이 운전을 하고, 그 뒤에 선생님이 선물보따리를 갖고 타서 2인 1조로 다녔다. 나머지 선생님은 어린이집에 남아 다음 코스 선물보따리를 준비했다. 오토바이라서 짐을 많이 실을 수 없었기에 한 마을을 돌고 어린이집으로 돌아와서 다른 마을 선물보따리를 다시 들고 나가야 했다. 나중에 차로 다닐 때는 트렁크에 선물을 가득 싣고 다 같이 다니기도 했고, 산타할아버지를 두 분 모셔서 두 대의 차로 다니기도 했다. 뒤에 탄 선생님은 오토바이를 운전하는 산타할아버지께 아이들 집을 잘 가르쳐 드려야 한다. 잘못하면 너무 늦어져 산타할아버지를 기다리다 온 식구가 잠이 드는 일이 일어날 테니까.

아이들 집 근처에 다다르면 안 보이는 곳에 오토바이를 세워둔다. 「기쁘다 구주 오셨네」「흰 눈 사이로 썰매를 타고」 등 캐럴을 부르며 집으로 들어서면, 아이들이 눈을 크게 뜨며 나온다. 큰 아이들은 산타할아버지를 뚫어져라 보며 누구인지 탐색하기도 하고, 어린 아이들은 부모님 뒤에 숨어서 동그란 눈으로 쳐다보기도 한다. 형 또는 언니들은 뒤에서 키득키득 웃고, 아버지와 어머니는 산타할아버지와 눈인사를 하기도 한다. 모든 가정에 산타 방문을 마치고 나면 거의 자정이 가까워온다. 눈이 온 날은 길이 미끄럽긴 하지만 더 실감나는 크리스마스다. 온몸이 꽁꽁 얼고 피곤해도 행복한 밤이다.

아싸! 이제부터는 겨울방학이다.

●●

눈이 큰 아이

큰 눈망울에 덩치가 컸던 푸름이. 형제가 많았지만, 막내라 어려운 생활 중에도 사랑을 많이 받은 아이였다. 부모님은 소작농이었고, 살림은 어려웠다. 모 출판사에서 갓골어린이집 취재를 나왔다. 아이들의 어린이집 생활도 찍고 바깥놀이, 산책하는 사진도 찍는데, 모델로 푸름이가 되었다. 기자가 와서 보니, 부모님 직업이 선생님인 아이들은 어쩐지 시골아이 같지 않았나 보다. 듬직하고 순박한 얼굴의 푸름이와 홍동천 돌다리를 건너는 촬영을 했고 월간지에 실리기도 했다. 그 나이 또래의 남자아이들이라면 어지간히 장난도 치고 말썽도 부릴 텐데, 푸름이는 기자아저씨가 원하는 대로 포즈를 취했다. 취했다기보다는 푸름이가 아무 눈치도 안 보고 노는 모습 자체가 기자가 원하던 포즈였다. 밥도 참 잘 먹었다. 뭐든 싹싹 비우고, 꼭 두 번씩 먹고는 했다. 솜씨 없는 내가 밥을 할 때도 그러했으니, 우리는 잘 먹는 아이들이 참 예쁘고 고마웠다.

1년 뒤 푸름이는 어린이집을 졸업하고 이사를 갔다. 시골살이가 어렵다며, 가족이 모두 서울로 갔다. 작은 숙 선생님이 갓골을 그만두고 서울로 간 시기와 비슷한 시기였다. 하루는 작은 숙 선생님 댁으로 전화가 왔더란다. "선생님, 저 푸름이 엄마예요. 몸은 좀 괜찮으세요? 시골살이가 어려워 아이를 데리고 이사왔어요. 건강하세요 선생님. 고맙습니다."

부모님 두분 다 수줍음을 많이 타셨는데 서울살이는 어떠셨을까? 전화를 받고 홍동, 특히 갓골어린이집에서 '열심히 살았다.'

맑고 깨끗한 눈망울의 푸름이. 난 이 아이의 부리부리한 눈망울이 보고 싶다.

● ●

우리 엄마 바꿔주세요

"우리 엄마 바꿔주세요." 86년, 87년 당시에는 홍동에 작은 전화국이 있었다. 전화교환원이 있어 이 집과 저 집의 통화를 전화선을 꽂아 직접 연결해 주었다,

작은 방에 불과했던 전화국에는 전화가 있는 집과 연결된 기계장치가 있고, 전화를 거는 선과 받는 선이 있어 통화를 원하는 곳에 선을 꽂으면 통화가 되었다. 전화번호도 3자리. 갓골어린이집은 221번이었다. 나중에 전화가 케이블망을 이용하게 되며 앞자리 국번호와 '221'에 '3'이 더 붙어 지금의 전화번호가 되었다. 전화교환원은 웬만한 동네 사람들 목소리를 다 알고 있어, 반가이 인사를 주고받으며 연결을 부탁하곤 했다. 보통은 "24* 번 연결해주세요." 하면 "네." 하는 멘트와 함께 선을 조작하는 소리가 들리고 연결이 되었다. 받는 사람이 없을 경우 "전화를 받지 않습니다." 혹은 "통화 중입니다."도 교환원이

알려주어야 하는 시대였다. 통화 연결을 수동으로 하는 때여서 너무 전화를 많이 하거나 은밀한 전화를 하면 교환원의 눈치가 보이던 시절이기도 했다. 대부분은 번호를 말해서 통화를 하지만, 생각이 안 날 때는 나도 가끔 "풀무학교 부탁합니다." "갓골어린이집이요." 하면 숙련된 교환원은 '네.' 하며 연결해주곤 했다.

그런데… 아이들은 이렇게 전화를 했다. "우리 엄마 바꿔 주세요." 라며 세상에 오로지 '자기'와 '자기 엄마'만 있는 듯했다. 그러면 교환원은. 이렇다 저렇다 할 것도 없이 곧바로 '우리 엄마'에게 연결해주곤 했다. 중학교 선생님으로 있는 '우리 엄마'에게 혹은 농협에 있는 '우리 엄마'에게…. "한 아이를 기르는 데는 온 마을이 필요하다."라는 말은 홍동에서 실제 있었던 일이었다.

● ●

혼자 할 수 있어요

효연과 유리, 그리고 중기까지. 삼 남매가 갓골어린이집에 다녔다. 위로 세 명의 누나와 막내아들까지 사 남매였다. 제일 큰 언니는 병설유치원에 다녔다. 딸들 모두 어찌나 똘똘한지 옷 입고 벗기, 용변 후 뒤처리 등 손 갈 게 없었다. 목장을 하며 농사도 짓던 부모님의 바쁜 삶을 알았던지 남매들은 스스로 자신의 일을 척척 알아서 했다. 누나들이 남동생을 살뜰히 보살피기도 했다. 남매간 서열 정리도 잘해서, 언니는 동생들을, 동생들은 언니를 잘 돌보고 잘 따랐다.

가정방문을 하는 날, 좀 멀리 떨어져 있던 집으로 찾아가니, 부모님은 일터에 나가시고 아이들만 집에 있는데, 5살이던 유리가 마당 한쪽 수돗가에서 찬물로 머리를 감고 있었다. 아직 상수도가 들어오기 전이라 지하수는 무척 차가웠다. 그래도 5살짜리가 어찌나 잘 감던지… 머리 감는 것을 도와주려니 "선생님 저 혼자 할 수 있어요."하며 마저 다 감는다. 우리는 수건으로 머리 말리는 것만 조금 거들었다. 기다리니 어머님이 오셨고, 우리는 여느 가정방문처럼 이야기를 나누고 돌아왔다. 어린이집을 계속하면서 아이들이 신발을 신겨 달라, 옷도 입혀 달라, 밥도 먹여 달라며 별걸 다 해달라고 할 때면 나는 이 아이들을 떠올린다.

스스로 할 수 있고 해야 되는 것조차 무조건 해달라고 하는 요즘 아이들… 그리고 뭐든지 다 해주는 부모들을 볼 때면, 어디까지가 어른의 몫인지를 구분하는 잣대가 되었던 그 아이들이 생각난다. 이들 사남매 중 세 명이 풀무학교 고등부에 들어갔다. 그 아이들이 이제는 어엿한 어른이 되었다. 막내아들 중기는 30대 초반이고 얼마 전 결혼도 하였다. 효연이는 뮤지컬 배우를 하고 있고 찬물로 머리를 감던 유리는 미술을 공부하여 디자인을 하고 있다. 모두 잘 컸다. 아이들에 대한 걱정은 할 필요가 없다.

●●

반반해서

윤아는 그날도 예쁘게 인사하고 어린이집을 나섰다. 그날은 함께 가던 무리에서 떨어져 혼자 갔다고 한다. 집까지는 아이 걸음으로는 족히 40분은 가야 하는 거리였다. 전화도 드물던 시절, 해가 뉘엿뉘엿 기우는 시간, 아이가 집에 안 왔다며 할머니와 어머니가 아이를 찾아 어린이집에 오셨다. 나는 화들짝 놀라 설거지를 하다 말고 아이를 찾아 나섰다. 파출소에 알리고, 전화가 있는 집엔 전화도 걸어보았지만 모두 모른다고 했다.

우리는 윤아가 갈 만한 길을 여기저기로 나뉘어 찾아다녔다. 모두가 뿔뿔이 흩어져 정신없이 찾아다니다가 다행히 아이를 만났다. 그날따라 윤아는 평소 다니지 않던 길로 가려 했었나보다. 좀 느지막이 느긋하게 걸어오고 있더란다.

아름다운 계절이었던 듯, 노을을 등지고 천천히 걸어오는 윤아의 모습이 눈에 선하다. 아이를 찾고 나서, 마음을 쓸어내리며 일화를 나누는 시간. 윤아 할머니가 아이를 찾아 울먹이시며 "윤아가 얼굴이 반반해서… 반반해서 어쩔까." 하셨단다. 정말 윤아는 반반했다. 지금도 반반하다.

●●

엄마, 선생님들이 다 먹었어

농촌 아낙들은 못 하는 게 없었다. 농사일은 물론, 음식 솜씨도 좋았다. 간혹 집에 가면 직접 만든 한과, 수정과와 식혜, 떡, 강정에 누룩을 빚어 직접 담근 술도 한잔 주셨다. 그중에서 우리가 가장 좋아했던 것은 누룽지였다. 당시엔 집집마다 아궁이가 있어서 가마솥에 불을 때서 밥을 하고 방도, 물도 데웠다. 아침, 저녁이면 집집마다 굴뚝에서 연기가 피어났다. 굴뚝에서 피어오르는 뽀얀 연기는 얼마나 감미롭던지….

아궁이에 불을 때서 가마솥에 밥을 하고 나면 누룽지가 생긴다. 이것도 기술이 있어야 가마솥의 둥그런 모양대로 바삭바삭한 누룽지가 만들어진다.

수영이가 누룽지를 갖고 온 날, 그만 우리가 다 먹어버렸다. 그것도 아주 맛있게. 바삭바삭하고 고소했던 그 맛. 수영이가 집에 가서 "선생님들이 누룽지 맛있다고 했어.", "선생님들이 다 먹었어."라고 말한 걸까? 그 다음부터 수영이는 때때로 누룽지를 들고 왔다. 엄마가 선생님들 드리라고 싸주셨다면서. 팬에 눌려 만드는 누룽지에 비할 수 없는 그 맛. 우리는 조건반사에 훈련된 개처럼 수영이가 저만치 오면 손으로 눈이 갔다. 지금 수영이 어머니는 그 솜씨 그대로 아들과 식당을 하신다.

● ●

왜요? 싫어요

들판에 있는 큰 집 외동딸. 부모님은 농사를 지으며 홍성 농민운동을 일으킨 1세대이고, 할아버지는 목수셨다. 아버지는 젊은 농민으로 홍성군 농민회의 주축이었고, 어머니도 아버지와 함께 농민운동을 한 여성농민이었다.

"왜요? 왜요?" 신지는 납득이 갈 때까지 질문하던 아이였다. 큰 눈을 동그랗게 뜨고, 자기 의견을 스스럼없이 말하는 아이였다. "그런데요, 선생님 왜요?" "안 할래요." " 싫어요." 당시만 해도 아이들이 그렇게 대놓고 '싫다'라는 표현을 잘 못하던 때였다.

선생님들에게 잘 보이고 싶어하던 때, 신지는 당당히 자기 마음을 내보이곤 했다. 통통한 두 볼이 늘 발그레했던 신지. 소꿉놀이와 마당놀이를 좋아했던 아이. 씩씩하게 노는 것을 좋아했던 아이였다.

신지가 한번 웃으면 마치 어린이집 전체가 웃는 것 같았다. 또르르… 크고 맑은 구슬이 굴러가는 것 같던 웃음소리는 온 어린이집을 웃게 하였다.

초등학교에 들어간 신지를 우연히 길에서 만났다. "신지야, 학교 갔나 오는 길이야? 무슨 시간이 제일 재미있어?"(우리는 '뭐 배웠어'보다는 '뭐하고 놀았어?' 혹은 '뭐가 재밌어?'를 묻는 사람들이다.) "노는 시간이요." 하고 생각할 새도 없이 곧바로 나오는 대답에 나는 '엄지 척'을 했다.

자기 의견을 내기에 주저함이 없던 아이. 내가 갖고 싶었던 당당함을 그 어린 나이에 가졌던 아이. 그래서 또 아이에게서 배우는 시간이었다.

●●

냄비 쓰고 밤 줍기

희선이 부모님은 목장을 하셨다. 위로 언니와 오빠가 있는 막내였다. 커다란 눈망울이 어머니를 꼭 닮은 희선이. 수줍음이 많아 어린이집에서는 그리 큰 소리를 내지도, 욕심을 부리지도 않는 순한 아이였다. 그러나 집에서는 고집도 욕심도 있다고 했다.

가정방문을 갔는데, 뒷산에 밤나무가 많았다. 선생님들 먼 길 오셨으니. 밤을 좀 갖고 가시라고 하여, 산에 올랐다. 아버지가 장대로 밤을 터니 밤송이가 후두둑 떨어진다. 머리 위로… 아버지는 냄비를 써야 한다며, 갖다 주셨고 우리는 그렇게 냄비를 쓰고 밤을 주웠다.

가끔 희선이 어머니를 만나곤 한다. 희선이는 잘 지내고 있다고 이야기하는 얼굴엔 항상 미소가 가득하다. 그리 예쁠까? 예뻤고, 예쁘고 예쁘다.

●●

훌랄라 랄라

아무지고 샘이 많던 수연이. "모두 모여라 손목을 잡고… 훌랄라 랄라…." 이 율동을 특히 잘했다. 이 음악이 나오면 온몸을 불살랐다. 아이들과 하는 율동시간, 작은 가을잔치 혹은 사석 모임에서도 수연이는 우리를 실망시키지 않았다. 매번 최고를 경신했다.

뭐든 잘해서 칭찬받고 싶어했다. 선생님에게 관심도 많이 받아야 하고, 심부름도 더 많이 해야 하고, 그림도 잘 그려야 하고… 아이는 실제로도 잘했다. 난 초임의 꼬마 선생님, 수연이는 4살부터 다닌 베테랑. 나는 갓골 생활을 이것저것 수연이에게 도움 받았다. "선생님 이건 여기에 두는 거예요." "선생님 다음엔 이거 하는 시간이에요." … 그래서 난 수연이가 나중에 시골에서 안 살고 서울에 가서 욕심껏 화려하게 살 줄 알았다. 하기야 나도 이렇게 살 줄 몰랐지만….

수연이는 풀무학교를 졸업하고 홍성사람과 결혼하여 세 아이의 엄마가 되었고, 갓골어린이집 학부모가 되었다. 가끔 만나면 "선생님" 하며 반가워한다. 그럴 때마다 수연이를 보며, 내가 과연 '선생님'이라 불릴 자격이 있나, 되돌아보게 된다.

●●

아들

그때만 해도 아들이 있어야 했다. 아들 낳을 때까지 계속 임신과 출산을 했다. 서준이는 누나가 셋인가 넷에 얻은 막내아들이었다. 그런데 그 아들이 그리 잘생길 수가 없었다, 뽀얗고 갸름하고 귀티가 났다. 부모들은 서준이가 얼마나 예뻤을까? 그래서일까? 서준이는 이러해서 어린이집에 안 간다, 저러해서 안 간다며 엄마와 실랑이를 했다. 어린이집에 안 온다는 아이가 없었는데, 그 먼 길을 마다 않고 오는 아이들인데… 귀한 아들이라서였나, 입도 짧고 까다로웠다.

나로서는 서준이가 첫 도전이었던 것 같다. 어린이집은 당연히 다니는 게 아니고, 좋은 어린이집을 다녀야 한다는 것을 알려준 아이였다. 서준이는 7살이 되자 홍동 병설유치원으로 갔고, 병설유치원은 잘 다녔단다. 초등학교를 가서도 공부도 잘해서 가끔 길에서 어머니와 마주치면 자랑을 하셨다. 부모님은 얼마나 좋으실까? 제법 연세가 있으셨던 서준이 부모님. 나도 딸을 내리 셋을 낳았는데, 하나 더 낳으면 그리 멋진 아들을 낳을 수 있었을까? 아무나 되는 일은 아닐 터이다.

●●

농민가

처음 강호를 봤을 때가 3살 무렵. 뽀얀 얼굴에 솜털이 보송보송한 예쁜 아기였다. 남자아이라서인지, 어릴 때부터 자동차를 좋아했다. 뭐든 끌고 다니며 놀았다. 아직 도로포장이 안 되었던 때라, 길에는 뽀얀 먼지가 날렸는데, 그 먼지를 뒤집어쓰고 뭐든 끌고 다니며 참 잘 놀았다. 내가 아직 어린 때여서였나, 지금 생각하면 이런 아기들을 좀 더 폭 안아줬어야 하는데 싶다.

강호 아버지는 홍성 농민운동의 1세대이다. 홍성군 농민회를 조직해서 모임을 하고, 집회도 하고 때때로 가족들도 모임에 함께 다녔다. 그날은 저수지 근처에서 야유회를 하는데, 강호가 안 보이더란다. 아차 싶어 곧바로 저수지로 달려간 아버지는 저수지에 빠져있던 강호를 꺼내 병원으로 달려갔다. 강호는 응급처치로 정신이 들더니 벌떡 일어나 "삼천만 잠들었을 때, 우리는 깨어…" 하고 농민가를 부르더란다. 웃어야 할지, 울어야 할지.

수줍음 많은 개구쟁이였던, 말이 별로 없고, 혼자서도 잘 놀았던 강호. 강호는 풀무학교를 졸업하고 홍동에서 열심히 살고 있다. 한참을 올려다봐야 하는 강호가 "선생님" 하고 부를 땐, 아직도 좀 쑥스럽다.

●●

쥐를 잡아준 아이

민호는 할머니와 삼촌과 살았다. 할머니 댁에 잠깐 있을 줄 알았는데, 사정이 있어 초등학교도 홍동에서 다니게 되었다. 갸름하고 뽀얀 얼굴의 사내아이였다. 개구쟁이여서 다치기도 하고, 말썽도 부렸지만 마음은 여린 아이였다. 하루는 어린이집 교실에 쥐가 들어왔다. 맨손으로 소도 때려잡을 듯 닥치는 대로 씩씩하게 일을 하던 우리들은 쥐가 나타나자, 정신줄을 놓고 도망 나왔다. 아이들과 선생님들은 모두 놀이터에 쫓겨 나와 있고, 쥐 한 마리가 어린이집을 차지했다. "어떡하지? 어떡하지?" 하며 발을 동동 구르는데, 일곱 살 민호가 자기가 잡을 수 있다고 한다. 그래도 되나 싶었지만, 몇 번 물어봐도 자신있게 하겠다고 하는 민호를 어린이집으로 들여보냈다. 잠시 뒤, 민호는 정말 쥐를 잡아 꼬리를 들고 나왔다. 쥐를 잡은 것을 확인한 후에야, 우리는 어린이집으로 들어갈 수 있었다. 농촌으로 온다며 집도 뛰쳐나온 여자들이, 쥐 한 마리에 그리 호들갑을 떠는 선생님들이 되었고, 아이들 덕분에 가슴을 쓸어내린 시간이었다.

●●

윤숙이와 현심이

2017년 8월 30일. 이젠 더 이상 아이들이 아닌 아이들. 그들이 기억하는 갓골어린이집은 어떤 곳일까? 또 나는 어떤 선생님이었을까?

윤숙이가 운영하고 있는 피아노학원으로 전화를 걸었다. "선생님(윤숙이는 우리 아이들의 피아노 선생님이기도 했다.). 나. 최루미 선생님." 서로를 선생님이라 부르는 대화는 뭔가 어색하다. "아. 선생님 안녕하세요?" 반갑게 맞이하는 인사에 눈물이 핑 돈다. 이런저런 안부를 묻다가 내 용건을 말했다. "내가 어린이집을 그만두었어. " "네, 들었어요.” “좀 쉬다보니 내 젊은 날들이 다가오더라구. 참 오래 전 일인데, 너희들과 지낸 그 시간들 중 몇 가지는 참 선명하게 되살아나더라. 그렇게 쓰다 보니 작은 책자를 만들 만하게 됐지 뭐야. 그래서 말인데, 너희들이 기억하는 갓골어린이집이 궁금했어. 편하게 차 마시면서 그런 이야기를 들려줬으면 해. 괜찮겠니?” “네, 완전 좋죠.” “그럼 현심이와 연락해서 좋은 날짜와 시간 정해줘. 난 백수니 언제든 괜찮아.” “네. 선생님. 연락드리겠습니다.”

전화기를 놓고 한참 숨을 고른다. 휴, 아이들이 나를 반기다니… 참 좋다.

세상에 눈뜨게 해준 곳, 여럿이 함께한 곳

윤숙이와 현심이 • 2017년 9월 1일(금) 내포에서의 만남

1986년에 윤숙이와 현심이가 7살, 난 24살이었으니 지금 아이들은 38살, 나는 55살이다. 그 동안에도 만남은 있었지만, 갓골어린이집을 주제로 이야기하는 것은 처음이다.

최루미 타임머신을 타고 돌아가 너희들이 다니던 때의 갓골어린이집에 대해 기억나는 것 있으면 뭐든, 좋은 기억이든 나쁜 기억이든 얘기하면 좋겠어. 선생님 처음 봤을 때 어땠니?

윤숙이 선생님 같은 성향의 그런 분들이 몇 분 계셨어요.

최루미 조진숙 선생님, 이영숙 선생님.

윤숙이 어릴 때 우리가 봤을 때는 다 같은 선생님 같았어요.

현심이 저 네 살 때부터 다녔다고 하던데⋯.

윤숙이 기저귀 들고 다녔다잖아요.

최루미 그랬구나. 그래서 이석희 선생님을 기억하는구나.

현심이 네 살 때 기억은 사실 잘 안 나고요. 이영숙, 조진숙 선생님 기억이 많이 나요. 그때 행사가 엄청 많았어요. 산타 잔치, 추수감사절 잔치, 여름 캠프, 도깨비 캠프도 하고, 홍동 그 창주사랑 이런 데 산책도 하고.

윤숙이 선생님들이 어린이집 숙소에서 생활했잖아요. 식당 있던 거기가 우리를 초대했던 그 건물이죠? 우리를 하룻밤 재워줬잖아요. 그때 나 오줌 쌌어요. 하하하하.

현심이 그때 오므라이스를 해먹었어요. 그게 되게 특별한 음식 같았고. 계란을 덮은 다음에 오이랑 당근으로 튤립을 만들고 케첩 뿌리고 했던 게 지금도 생각이 나요.

최루미 맞아. 나에게도 굉장히 특별했어.

윤숙이 저는 완전 시골에서 살았잖아요.

최루미 넌 오래 걸어서 왔어.

윤숙이 네. 엄마가 지금도 "너는 정말 대단한 게, 눈이 오나 비가 오나 어린이집 간다고 걸어갔던 거야."라고 하세요.

최루미 그리고 네 걸음이 빠르지도 않았어.

윤숙이 하하하, 맞아요. 그래서 엄마는 항상 동화책 『빨간모자』처럼 이렇게 묶어 주시면서 "야 누가 사탕 줄 테니까, 아이스크림 사 줄 테니까, 차 타자 하면 절대 따라가면 안 된다."하고 말했어요. 그때는 인신매매 이런 게 있었잖아요. 아침마다 그 얘기 지겹도록 들었던 게 기억나요.

최루미 너 잃어버렸던 거, 네가 늦게 와서 엄마하고 할머니가 찾아 나섰던 거 기억나니?

윤숙이 아 맞아. 지금도 일 년에 한 번씩은 얘기하세요.

현심이 지금은 차량 운행이 필수이지만 옛날에는 어떻게 걸어 다녔는지 몰라.

최루미 윤숙이는 한 40분은 걸렸을 거야.

윤숙이 저 되게 내성적이어서 처음엔 적응을 잘 못했어요. 얘만… 언니라고 하면서 쫄래쫄래 따라다녔어요.

최루미 현심이가 몇 월생이야?

현심이 얘랑 나랑 15일밖에 차이 안 나는데 굳이 언니라고 부르도록 내가 시켰지.

윤숙이 얘랑 사촌이라서… 식구들끼리는 그렇잖아요.

현심이 자세히 기억나는 것은 아닌데, 선생님이 윤숙이를 똑 부러지게 혼냈던 것 같아요. 친구인데 왜 언니라고 하냐고.

윤숙이 나 장소도 기억나. 그네… 그네에서.

현심이 그 다음부터 나한테 언니라고 안 했어요. 선생님 말을 듣고부터.

윤숙이 둘이 그네를 타고 있는데, 조곤조곤 말을 하셨어요. 너희 둘이 나이도 같은데 언니라고 하지 마라. 좋게 말씀해주셨어요.

현심이 결혼놀이 했던 것 생각나요.

윤숙이 의상 방이 있었고, 면사포 쓰고… 한 명은 피아노 치고.

윤숙이 그건 무슨 행사였어요? 우리 모닥불 피워 놓고 훌라춤 추면서….

최루미 여름캠프야.

윤숙이 나 그거 너무 좋았는데, 아 노끈치마 우리가 일일이 다 만들고, 분장하고.

현심이 여자였는데, 우리 윗옷을 다 탈의했어.

윤숙이 그땐 그런 게 참 많았어.

윤숙이 또 크리스마스 행사 때, 선생님들이 다 일일이 집으로 오셨어요. 지금 생각하면 참 대단해요. 그런데 어떤 아이들이 그러는 거야. "야, 산타 아냐. 선생님이야." "아니야, 산타야." "야, 산타인 줄 알았더니 오토바이 타고 다니더라." 처음엔 분장이 무서워서 울었어요. 산타가 우리 할아버지에게 큰절하고 그러셨어요. 가실 때 몰래 봤는데 그때 확 깼어요. 진짜 오토바이 타고 가더라구요. 눈이 진짜 많이 왔었어요. 그때 젊은 선생님들이 정말 열정이 많으셨어요.

최루미 도대체 무슨 열정이 그렇게 있었는지….

윤숙이 정말 그건 열정 아니면 못하는 일이었어요.

현심이 선물로 책을 받았는데, 글을 써서 주셨어요. 제목 생각은 안 나지만, 지금 생각해보면 그때 시골에서 엄마들이 그런 좋은 책을 사주기도 힘들었는데, 선생님들이 좋은 책을 골라서 선물로 주셨어요.

현심이 선생님의 긴 퍼머머리, 우리 여자 아이들이 좋아하지 않을 수 없었어요. 이영숙 선생님은 커트머리였고 조진숙 선생님은 머리가 길고 예뻤어요. 그런 중에도 선생님은 딱 부러지게 단호하기도 하고 인기도 많았지요.

윤숙이 정말 옛날인데, 요즘에 비교해도 뒤지지 않는 시스템이었어요. 오히려 지금보다 더 나았던 것 같아요. 요즘은 새로운 것을 추구하려고 하지만, 다시 돌아가는 세태잖아요. 그때 우리가 뭔가 새로운 것을 접했던 것은 항상 어린이집에서 선물받았던 것 같아요. 63빌딩, 방송국 이런 것. 서울여행 가서 민박도 했잖아요.

현심이 서울 한 번 못 가본 아이들도 많이 있었어요.

최루미 그때 너희들 다른 아이 집에서 잔 것 기억나니? 어땠어?

현심이 네, 홈스테이했어요. 많이 생각나요. 소주병에 담은 참기름을 선물로 주었어요. 전 처음으로 아파트에서 자 보았어요. 파인애플도 처음 먹어봤어요.

최루미 지금으로서는 어린아이들이 홈스테이한다는 게 상상이 가지 않아. 그런데 너희들 다치지 않고 울지도 않고, 2명씩 가서 잘 지냈어.

현심이 거기서는 시골에서 아이들 온다고 되게 많이 챙겨주셨어요.

윤숙이 집도 좋은 집이었어요. 아파트요.

현심이 관심받는 것도 좋았고, 시골에서 온 아이들을 위해 좋은 것도 준비해 놓고.

최루미 초등학교 가서도 여름방학 때 일주일간 프로그램을 했거든? 그런 것은 기억 안 나니?

윤숙이 그것보다는 문화동어린이집하고 같이 어디 가고 했던 생각이 나요.

최루미 갓골어린이집 나오면 학교 가서 어렵다. 그런 이야기도 있었어. 아이들이 너무 자유롭게 자라서.

현심이 우리 때가 아니라 우리 이후의 이야기였을 거예요. 저희 때는 어린이집 가는 아이들이 별로 없었고, 7살 때 병설 1년 다니다가 학교 가는 시대였죠. 일반 어린이집은 특별활동도 하고 공부도 하는데, 갓골어린이집에서는 선행학습이 전혀 없고 학습적인 것보다는 다른 것들을 다루니까, 초등학교 입학 때 갓골 아이들이 한글을 모르고 와서 알림장을 못 쓰는 등 적응이 힘들다는 이야기는 제가 우리 아이 어린이집 보내려고 갓골 알아볼 때 들었어요.

갓골에서 저처럼 오래 있었던 아이들이 없어요. 4년을 다녔는데, 미영이, 종범이와 저, 오래 다닌 아이들은 오히려 학교 가서도 적응 잘 했어요.

최루미 마지막으로 갓골어린이집은 나에게 무엇인가에 대해 말한다면?

윤숙이 세상에 눈 뜨게 해준 곳? 저 같은 경우는 산속에서 살아서… 세상이 정말 넓다는 걸 알려줬어요. 새로운 영양분을 받은 것이요. 저는 활발하지는 않았어요. 현심이만큼 활발하게 하지는 못했어요. 하지만 프로그램이나 율동은 열심히 했어요. 처음으로 하는 사회생활이었어요.

현심이 딱히 뭐라고 정하기는 어려운데… 한동안 잊고 살았다가, 제 아이를 보내면서 갓골에 대한 기억을 떠올렸어요. '옛날에는 이랬는데…' 하는 생각을 많이 했어요. 비교하면 안 되는데, 선생님들, 학부모들, 이런 게 비교되지요. 저는 지금 학부모들과 완전히 입장이 달라요.

그때는 여러 일들을 할 때 주민들이 같이 도와서 했어요. 종권이 삼촌이나, 선영이 삼촌이나 농촌 총각들이 대천 갈 때, 어디 이동할 때 스태프로 도왔던 것 같아요. 젊은 여자 선생님들이 있어 가능했지만… 아무튼 지역주민들도 같이 했다고 저희 아빠가 말씀하시더라고요. 운영비 때문에 일일찻집 하러 서울도 가고 했다고… 지금은 지원받는 것이 너무나 당연하고, 뭔가 학부모들이 요구하는 사항만 많아졌지요. 그때는 모두 같이 한 것이 많았어요.

윤숙이 갓골 다니면서 풀무학교 뒤 운동장에서 놀고, 강당에서 뭔가 많이 보고 다녔던 것 같아요. 홍 선생님이 이사장님이셨어요?

최루미 원장선생님이셨어.

윤숙이 저 할아버지는 어떤 분인데 이리 자주 오시나? 풀무학교 가면 거기도 계시고….

제가 홍동초등학교, 풀무학교를 나왔는데, 나중에 보니 나름 엘리트 코스를 밟았던 것이더라고요. 지금은 홍성에서도 모두 갓골 보내고 싶어해요. 풀무학교도 그렇고요.

윤숙이 그때 사진을 보면 율동하는 게 있어요. 4명이 한복 입고 '도라지'를 했는데, 전 지금도 생각나요. 너무 좋았어요. 숫기가 없어서 하겠다고도 못 했는데, 선생님이 뽑아주셔서 너무 좋았어요. 지금도 그 사진을 보면 참 좋아요.

가족끼리 장기자랑도 하고 노래도 하고… 그땐 악기 연주도 참 많이 했어요.

오랜만에 만났지만, 갓골어린이집에 대해 이야기하며 행복한 시간을 보냈다.

선생님이 셋째 딸을 낳았다고 했을 때 '확률이라는 것이 있는데, 참 못 맞추신다.' 하고 생각했는데, 자기도 셋째마저 아들을 낳을 줄은 몰랐다며 웃던 현심이는 다음날 아들을 낳았다. 그 아이도 갓골을 다니겠지?

내 생애 첫 아이들은 모두 잘 지내겠지? 부디 '내 삶의 빛나던 시간들'이 그 아이들에게도 '작은 빛'이 되었으면 하는 기도를 한다.

미안하고, 고맙고, 사랑한다.

사람들과 함께

●●

동네 마실방

갓골어린이집은 동네 여러 사람들이 교육을 받고 회의를 하는 마실방, 살롱의 역할을 해왔다. 농한기인 겨울이면 '청년대학' 강좌를 열었다. 강사를 초빙해서 교육을 받고 책도 함께 읽으며 토론하고, 풍물을 배우기도 했다. 한 번은 동네 아주머니께서 어린이집 교실을 저녁 때 빌려달라고 하셨다. 뭐 우리야 늘 열려있으니, 괜찮다고 하며 "무슨 일이신데요?" 하고 물었더니, 쭈뼛쭈뼛하시며 손바닥을 비비신다. 내가 "네?" 하고 못 알아들어 되묻자, "운동할 겸 댄스를 하려구요. 이런 거요" 하시면 손바닥을 또 비비신다. '아하!' 그제야 발바닥을 비비는 표현이라는 것을 알았다. 사교댄스 강습을 하려는가보다. 아무리 동네 마실방이라도 아무것이나 할 수는 없었다. "죄송합니다. 저희가 마음대로 할 수 없어서요."라며 슬쩍 거절했던 생각이 난다.

풀무학교 때문이었나, 홍동엔 여기저기서 많은 사람들이 왔고, 그들 대부분은 갓골어린이집을 다녀갔다. 단기 견학차 온 사람들이 많았지만, 몇몇 사람들은 꾸준히 갓골어린이집과 관계를 맺었다. 한벗회와 관련된 사람들, 큰 숙 선생님이 계셨던 난지도 친구들, 그 외에도 장봉섬에서 온 사람들, 밀양 출신으로 너무 가난해서 대학을 휴학하고 다녀간 여학생, 소는 구분할 수 있는데 아이들 얼굴은 당최 분간이 안 간다던 목장집 딸, 디아코니아 수녀회분들, 웅진출판사, 보리출판사 등. 그 외에도 누구누구의 친구들, 무슨 회 회원들 등 참 많았다. 누가 오더라도 우리는 기꺼이 숙소를 제공하고, 밥도 함께 먹고 마을 안내도 했다.

●●

농사꾼 언니

단단한 체구에 커트머리, 125cc 오토바이를 타고 다니던 언니. 풀무학교를 졸업하고 농사를 짓는다며 홍동 집에 남았다. 아가씨가 농촌에 남아있으면 대부분 집안일을 시켰을 텐데, 이 언니는 농사일을 했다. 일 두미(頭尾. 머리와 꼬리란 의미로 일의 순서나 요령을 뜻하는 말로 쓰였다.)를 알아 장정 한 사람의 몫을 톡톡히 해냈다. 새벽부터 일어나 열심히 일하고, 저녁때는 오토바이를 타고 어린이집에 놀러오기도 하고, 풍물교육이나 여타 교육도 같이 받고 설악산, 지리산도 함께 다녀왔다.

하루는 무슨 바람이 불었나, 대천 바다를 가자고 처자들 몇 명이 밤길을 나섰다. 버스를 타고 대천 시내까지 갔고, 거기서부터 해수욕장까지는 걸어서 들어간 듯하다. 사람 없는 바닷가를 하염없이 걸어가다 보니, 해안가 막다른 곳에 군인 초소가 나왔다. 보초를 서던 군인들이 여기부터는 민간인 출입금지라고 해서 더는 못가고 돌아 나왔다. 홍동에 가야겠다고 발길을 돌렸을 때는 이미 새벽. 버스가 끊긴지 오래된 시간이었다.

함께 있으니 뭐가 두려웠겠는가? 우리의 튼튼한 두 다리가 있으니, 걸어서 갈 수 있다고 생각했다. 한참을 걸어 대천에서 광천으로 가던 중, 트럭 한 대가 섰다. 보아하니 여자들 4명이 새벽길을 걸어가는 게, 영 이상했나보다. "여기 봐유. 아니 여자들이 겁도 없이…." "아저씨, 어디로 가세요?" "광천 가유. 아가씨들은 어디 가유?" "저희는 홍동 가는데, 길목까지만 태워주세요." 서로 무릎에 앉고, 좌석 뒤편의 공간에도 끼어 타고 광천에 오니, 조금 더 데려다 주신단다. 감사히 조금 더 얻어 타고 홍동에 올 수 있었다. "고맙습니다." 인사를 하고 내리니, 아저씨는 출발하면서 "함부로 차 얻어 타고 그러지 마유. 참 아가씨들이 겁도 없이 말여." "네. 네. 안녕히 가세요."

그렇게 우리는 동이 트기 전에 어린이집으로 돌아왔고, 언니는 부릉부릉 오토바이 시동을 걸고 집으로 돌아갔다(당시의 오토바이는 원터치로 시동을 거는 방식이 아니라, 클러치를 잡고 페달을 힘껏 밟아 시동을 거는 방식이었다. 하여 시동을 걸 땐 꼭 '부릉부릉' 소리가 났다.).

언니는 타고난 일꾼이다. 근방의 부지런한 농사꾼과 결혼을 하여, 손발 맞춰 열심히 농사지으며 살고 있다, 한동안은 원터치 방식의 125cc 오토바이를 타더니, 요즘은 트럭을 몰고 다닌다.

●●

난지도 친구들

난지도 친구들은 자주 어린이집에 놀러왔고, 요즘도 연락을 주고받는 친구가 있다. 마침내 서울 집이 바로 난지도 옆이어서 집에 갈 때 가끔 들리곤 했다. 무슨 인연인지 그 친구들이 다니던, 난지도 교회에서 운영하던 어린이집에 대학동기가 근무하기도 했고, 우리 시골동네 이웃으로 이사 온 분도 난지도의 바로 그 교회에 다녔다고 한다.

여름 장마가 오면 난지도는 어김없이 물난리를 겪었다. 방학 때라 상암초등학교에 마을 사람들이 대피하였고, 여름방학을 맞아 집에 가면서 그곳에 들르곤 했다. 우빈이 어머니는 부녀회장으로 마을 사람들과 단체급식을 준비하느라 바쁘셨다. 구호물자가 여기저기서 오고, 어수선하고 불편해도 사람들은 곧 적응해갔다. 매년 반복되는 침수로 익숙해진 탓이었으리라. 지석이를 만나 근황만 이야기하고, 도움도 되지 못하고 홍동에서 만나자는 말을 하고는 나왔다. 비가 그치고 물이 빠지고 그들은 다시 일상으로 돌아가, 온통 잠겼던 집을 청소하고, 가재도구를 정리하고 다시 생계를 위해 일터로 갔다. 그리곤 장마철엔 다시 체육관으로 모였다. 힘없는 사람들의 삶은 그저 고단할 뿐이었다.

일상으로 돌아온 후, 그들로부터 침수되던 상황을 약간의 코믹버전으로 들었지만, 누구에게는 생존이 걸린 문제였으리라. 지금은 하늘공원이 된 난지도. 아름다운 섬으로 바뀐 곳. 아직도 섬 곳곳엔 그들이 흘린 땀과 눈물이 배어있으리라.

그들은 모두 어디 있을까? 우리가 젊은이로 만났던 그 시간들을 어떻게 기억하고 있을까?

●●

사물놀이패 '우듬치'

홍동엔 매년 여름방학이 되면 대학 농활대가 왔다. '우듬치'라는 풍물패는 지속적으로 홍동과 연을 맺었다. 낮에는 농사일을 돕고 저녁이면 마을 사람들에게 풍물강습을 하고, 이중 몇몇은 '갓골여름학교'를 함께 이끌기도 했다. 지속적으로 방문한 탓인지, 동네 청년들과도 꽤 돈독한 사이가 될 수 있었다.

어느 해에는 동네 사람들과 마당극 공연을 하기도 했다. 마당극 극본은 창정마을도서관을 운영하던, 지금은 작가가 된 한명석 선생님이 쓰셨다고 기억한다.

아무리 일을 열심히 해도, 소용없는 농촌 현실을 고발하고 농민들이 대동단결해야 한다는 내용이었다. 일이 끝나면 모여서 몇 번 연습을 하고, 마을 사람들을 초청해서 어린이집 교실에서 마당극 공연을 하였다. 나와 몇몇 여자들은 밭을 매는 동네 아낙으로, 남자들은 농민과 경찰, 면서기 혹은 정치관료 등으로 출연했다. 그러고 보면 홍동은 그 당시로는 드물게 공부하고 깨어있는 농민들이 많았던 곳이다.

농한기인 겨울엔 '청년대학'을 열어 풍물과 사회문제 공부를 하고,

마을 잔치에 가서 풍물을 함께 치기도 했다. 이때만 해도, 동네에 풍물을 잘 하시는 분이 있어 환갑이나 혼인잔치에 가면 자연스럽고 멋들어진 사물놀이를 볼 수 있었다. 나도 덕분에 장구를 배워 동네 환갑잔치에 가서 장구를 쳤더니, 환갑잔치 주인공 어르신이 장구에 만 원을 걸어주셨다. 이 돈은 풍물을 친 사람들과 함께 썼다.

청년대학은 점차 광주항쟁 자료 돌려보기(영화「택시운전사」의 독일인 기자 위르겐 힌츠페터의 영상자료를 이때 보았다. 이때는 그저 어떤 독일 기자가 찍은 영상자료라고 하였다. '더 이상 못 보겠다'며 혹은 '저 정도일 줄은 몰랐다며 탄식과 함께 또 미안함을 느꼈던 듯하다.), 노동운동(영화 「구로 아리랑」도 이때 마을 사람들과 함께 보았다.)과 농민운동에 대해 공부하기(단지 농민들의 경제적 이익이나 권익의 문제만이 아니라 가톨릭농민회에서 만든 '농약샤워를 하는 오렌지, 수입 밀의 유해성' 등 국민의 건강을 담보로 하는 무분별한 수입 농산물에 대한 교육도 하였다. 홍동이 친환경 특구가 될 수 있었던 요인 중에는 80년대 갓골어린이집을 중심으로 한 마을교육 활동도 있지 않을까 싶다.) 등으로 이어졌고, 홍동 농민들이 주축이 된 홍성군농민회 창립으로 이어졌다.

어떤 분들은 이러한 지역활동에 긍정적 평가를 하기도 했지만, "어린이집 선생들이 아이들만 잘 보면 될 것을, 무슨 모임이다, 공부다 하며 동네 청년들을 어린이집에 드나들게 한다."며 좋지 않은 시선으로 보기도 했다. 사람마다 생각이 다르니, 그럴 수도 있었으리라… 하지만 내가 단순히 아이들을 돌본다는 생각만 있었으면, 굳이 갓골어린이집에 올 이유가 있었겠는가? 내가 홍동에 온 이유는 사람 사는 세상에 살고 싶어서였고, 그렇게 본다면 당시 갓골어린이집은 그 역할을 하고 있었다.

●●

홍동면 보건지소장님

갓골어린이집에서 홍동면 소재지로 가는 길목에 홍동 보건지소가 있었다. 모든 게 허름했던 시절, 보건지소 역시 허름했다. 내가 기억하는 보건지소장은 산전수전 다 겪은 노인네 말투를 쓰는 젊은이였다. 이분이 젊은이였다는 것을 알게 된 것은 나중의 일이다. 군복무 대체 공익근무로 보건소에 온 것을 알고 따져보니, 젊은이였음에 틀림없다.

큰 숙 언니는 몸을 안 사리고 일하다가, 한 번 아프면 며칠 몸을 일으키지도 못했다. 그러면 작은 숙 언니는 툴툴거리면서도 정성스레 수발을 들었다.

큰 숙 언니가 아프면, 작은 숙 언니가 울타리약국 약사에게 약을 부탁한다. 그러면 울타리 엄마는 "그니 약발 쎄…" 하며 약을 한 움큼 처방해주고 그러고도 나을 기미가 안 보이면, 보건지소장이 움직인다. 보건지소장은 왕진까지 와서 진찰을 하고 주사도 놔주며, 시골에서 고생하는 처자들에게 무료 진료를 해주곤 했다. 시골 할머니, 아줌마들과 자연스럽게 반말을 섞어가며 이야기하던 지소장님은 인정이 많은 분이셨다. 큰 숙, 작은 숙 선생님을 무식하게 일하는 처자들이라고, 투덜거리며 왕진을 오던 의사선생님은 작은 숙 선생님이 몸이 아파 홍동을 떠나게 되자, 어린이집으로 직접 고기를 사와서 송별파티를 함께 했다. 건강하시라고, 수고하셨다고 하며….

그가 군복무가 끝났다고 이제 간다고 하며 어린이집에 인사하러 왔을 때, 감사한 마음을 전했어야 하는데 내 연예사에 인사도 제대로 못 했다.

어디에서든 넉넉한 인정으로 진료를 하실 지소장님. 그 많던 홍동 보건지소장 중 유일하게 기억나는 사람이다.

●●

산이네 가족

산이네는 늘 복잡했다. 기저귀, 장난감, 책… 아이를 제일 우선으로 하던 언니는 온몸의 감각기관이 모두 아이에게로 열려있었다. 아이와 놀아주기, 동네 산책하기, 책 읽어주기… 욕구가 많던 아이에게 최선을 다하려고, 언니는 다른 것은 다음 순번으로 미뤄 두었다. 유모차가 흔치않던 시절, 언니는 산이를 늘 업고 다녔다. 일부러 뭔가를 가르치려고 한 게 아니었을 텐데도, 자연스럽게 산이는 엄마 품에서 안정되게 세상을 배워나갔다. 이웃 사람들과 지내는 법, 자연과 어울리는 법, 외동이래도 여러 친구들과 이모, 삼촌과 지내는 법 그리고 언니처럼 웃는 법 등.

하루는 언니 얼굴이 아파 보여 물었더니, 자다 깬 아이의 울음소리가 들려, 급하게 달려가다 넘어져 갈비뼈에 금이 갔다고 한다. 그러면서 금 간 것은 나중에 붙으면 되지만, 자다 깨서 엄마가 없어 울었을 아이 생각에 더 마음이 아프다고 한다. 난 그런 산이 엄마의 아이에 대한 책임감과 헌신에 놀랐다. 하지만 선을 넘지 않는 단호함도 있어 산이는 보이지 않는 질서 속에 안정감 있게 커갔다. 우리는 모두 산이네를 좋아했다.

하루는 작은 숙 언니와 저녁 무렵 놀러갔다. 국을 끓이려고 콩나물을 다듬고 있었다. "제가 할게요." 나는 콩나물을 하나하나 집어 콩껍질을 벗기고, 잔뿌리를 다듬었다. 한참을 그러고 나니, 이미 밥상은 차려져 있었다. "그렇게 콩나물을 다듬어서 언제 먹으려구? 이건 내일 먹어야겠어."

어려운 생활에도 늘 웃음을 잃지 않던 엄마와 힘차게 농민운동과 교사운동을 주도하던 아빠 그리고 두려움 없이 세상과 만나던 산이는, 일을 마무리하고 홍동을 떠났다. 지금쯤 30대 중반이 되었을 산이와 언니가 보고 싶다.

● ●

수수빗자루

아저씨는 홍성군농민회 1세대이다. 젊을 때는 서울에서 일을 하다가, 결혼을 하고 홍동에 내려와 할머니를 모시고 온 가족이 열심히 농사를 짓고 계셨다.

언제부터인가 농민들은 열심히 일해도 생활이 나아지지 않는다는 것을 알았고, 이는 농민들의 게으름이나 무지 때문이 아니라 정부와 관계기관의 정책적인 뒷받침이 안 되어서임을 깨달았다. 또한 식량정책에 오류를 범하고 있다는 문제의 심각성을 알게 되었다.

그 한가운데 아저씨가 계셨다. 아마 초대 홍성군농민회장이었지 싶다. 80년대 군부 독재정권 하에서는 몇 사람만 모여도 의심의 눈초리를 겨누던 시절이었음에도, 홍성은 중등교사회를 중심으로 한 참교육운동과 함께 농민회 활동이 활발히 일어나 전국적으로도 역량을 발휘하던 시절이었다.

막노동으로 잔뼈가 굵은 아저씨는 농사를 열심히 지으며, 사 남매를 기르셨고, 막내아들은 갓골어린이집 개원 멤버였다. 내가 온지 얼마 되지 않은 겨울이었다. 아저씨는 수수를 심어 털고, 네 아이들과 수숫대로 빗자루를 직접 만들었다. 아이들도 가족 일원이고 삶에 대해 알아야 한다는 지론으로 평소에도 아이들에게 농사일을 거들게 하셨다. 함께 심고 추수하고, 그 부산물로 빗자루를 만들어 동네에 다니며 팔게 했다. 추운 겨울, 아이들은 수수빗자루를 몇 개씩 들고 동네를 다니며 팔았고, 저녁때가 되면 아이들과 느낌을 공유하곤 하였다고 한다.

나는 우연히 큰 숙 언니가 가져온 녹음테이프를 들었다. 아저씨가 아이들과 이야기하는 것을 녹음한 것이었다. 아이들이 수수빗자루를 가지고 어느 집에 갔는데 자신들을 어떻게 대했는지, 어떤 집에 갔더니 대견하다고 칭찬해주었다는 것, 다른 집 아저씨는 참 모질게 내보냈다는 등의 이야기를 하며, 서로 느낌이나 생각을 나누는 녹음이었다. 나중에 들은 바로는 이 빗자루를 판 돈은 어려운 이웃을 위해 썼다고 했다.

어찌 그런 생각을 하셨을까? 내게 부모의 역할은 무엇일까를 생각하게 했다. 또 아이들은 얼마나 어려웠을까? 그래도 참 열심히 사셨다. 농사도 농민운동도… 아저씨는 그 당시 가장 열정적인 농민 중 한 분이셨다. 추운 겨울 수수빗자루를 팔러 다니던 아이들은 모두 사십을 훌쩍 넘겼다. 다 자기 자리에서 열심히 살고 있다.

●●

추석맞이 노래자랑

홍동에 오니 도시 처자들이 몇 있다. 명석 언니는 홍동초등학교 옆 마을회관에서 도서관을 운영하고 있었다. 내가 여주 농번기탁아소 지원 팀과 견학을 왔을 때도 이곳 도서관에 들러 언니를 보았다. 지금 언니는 작가가 되었으니, 책은 언니와는 각별한 인연이 있는가보다. 도서관에서 회지도 만들었는데 그 이름이 '디딤돌'이었다. 그때 디딤돌 청년모임을 열심히 하던 청년은 다둥이 아빠가 되었고, 자연스럽게 갓골어린이집 학부형도 되었다. 언니는 단지 도서관 사서가 아니라, 도서관을 중심으로 마을 만들기를 했던 것이다. 회지도 만들고, 청년모임도 만들고, 추석이나 설에는 동네잔치로 노래자랑을 하기도 했다.

86년 '추석맞이 창정마을 노래자랑'이 도서관 주최로 열렸고, 큰 숙과 작은 숙 선생님이 듀엣으로 나갔다. 주최 측인 언니가 사람이 너무 없으면 안 되니, 꼭 참석하라는 당부가 있었다. 노래 제목은 복음성가인 「실로암」. "어두운 밤에 캄캄한 밤에 새벽을 찾아 떠난다…" 저음의 큰 숙 선생님과 맑은 소프라노의 작은 숙 선생님의 조합은 노래도 아름다웠다. 다음 순서는 갓골의 자모이던 대성이 엄마. "이 풍진 세상을 만났으니, 너의 희망이 무엇이냐…" 다음 순서는 동네 아이들과 여러 어른들이 나와 노래를 부르며 명절 뒤풀이를 했다. 심사위원(주최한 언니와 이장님 등 몇몇 동네분들)들의 심사숙고 끝에, 우리 갓골선생님들이 1등이 되었고 부상으로 스테인리스 들통을 받았다. 어린이집에서 쓰면 딱 좋겠다며, 한가위 둥근 달을 보며 들통을 들고 돌아왔다.

지금도 작은 마을회관을 꽉 채운 사람들과 「실로암」을 부르던 두 숙 선생님, 그리고 「희망가」를 애절하게 부르던 대성이 엄마가 눈에 선하다.

●●

보름 나음회

보름밤마다 동네 처자들 마실방이 열렸다. 풀무학교 선생님, 도서관을 하는 선생님, 집에서 농사를 짓는 처자와 갓골, 문화동 선생님들이 한 달에 한 번 모여 음식도 해 먹고 이야기도 나누는 모임이었고, 장소는 대부분 갓골어린이집이었다. 보름밤에 모여 좀 더 나아지자는 뜻을 가진 '보름 나음회'. 이름은 풀무학교 국어선생님이던 언니가 지었다. 국어선생님답게 언니는 창정마을 도서관 회지인 '디딤돌'과 풀무학교 회지 '모퉁이돌' 이름도 지었다고 한다.

보름은 '15일'이니, "보름 나음회 모임은 15일에 한 번씩 해야 하는 것이다.", "보름날은 한 달에 한 번 오니, 한 달에 한 번 하는 것이다." 라며 머리를 맞대고 고민했던 시간들이 떠오른다. 어린이집 주방에서 쑥으로 튀김을 하던 언니, 국어선생님으로 아는 것이 많았던 언니, 농사일을 하며 125cc 오토바이를 타고 오던 언니, 이렇게 내겐 '언니'란 말이 참 자연스러웠다. 보통은 '이름+언니'로 불렀는데, 이날은 왠지 너무 친근하고 버릇없을 것 같아 '성+언니'라고 불렀다. '한 언니' '조 언니' '주 언니' '이 언니' … 한참을 듣고 있던 '한 언니' 왈 "누가 들으면 다방인 줄 알겠다."

하나, 둘 결혼을 하고, 아기를 낳다 보니 모이는 사람들이 줄어들었고, 누가 먼저랄 것도 없이 자연스럽게 모이지 않게 되었다. 요즘도 가끔 보름달을 보면 우리들의 보름 나음회가 생각난다.

●●

86년 지리산

농민회, 청년대학, 어린이집 행사 지원 등으로 친숙해진 몇몇 동네 청년들과 처자들이 여름방학을 맞아 설악산, 지리산으로 등반을 갔다.

당시 조정래의 대하소설『태백산맥』을 청년들과 함께 읽고 있었다. 완간은 89년에 되어, 첫 딸을 낳고 후배가 "누나 아기 낳은 선물 뭐가 좋아요?" 하길래 『태백산맥』의 마지막 몇 권을 사오라고 하였다. 그리곤 3.7 = 21일 동안 꼼짝 않고 읽었던 생각이 난다. "그래 태백산맥으로 가자. 하대치와 염상진도 만나고, 빨치산이 스며들었던 지리산 자락으로 가자. 마오쩌둥의 대장정은 되었는데, 지리산의 빨치산은 소탕될 수밖에 없었던 까닭을 보러가자." 우리는 짐을 꾸려 지리산으로 갔다.

기차로 전남 구례까지 가서, 화엄사 계곡에 발을 좀 담그고, 노고단 쪽으로 올라가 장터목을 지나 천왕봉을 거쳐 진주 쪽으로 내려오는 코스였다. 지리산은 설악산과 달리 노고단까지만 올라가면 등선을 타고 다니는 부드러운 등반이다. 설악산이 청년의 시간이라면, 지리산은 장년의 시간이랄까? 변변치 않은 장비로 산에 올랐어도, 농촌 일에 단련된 사람들은 거침이 없다. 늘 산행을 하던 사람들처럼 잘 올라간다. 도시 처자들도 씩씩하게 올라간다. 하기사 갓골어린이집에서 일하는 것에 비하면 지리산 등반은 자유롭고, 머리도 복잡하지 않고, 오로지 등반에만 집중하면 되는 시간이었다. 철쭉 군락지를 지나 벼락 맞은 나무들이 나오면 장터목 산장 근방이라는 신호다.

장터목 산장 근방에 텐트를 치고 야영을 했다. 밥을 해 먹고, 노래도 부르고, 술도 한잔 하며 지리산 별 아래서 많은 이야기를 나누었다. 다음 날은 아침 일찍 서둘러 천왕봉으로 출발했다. 구름 안개가 다가오던 천왕봉. 천왕봉에서 바라본 지리산은 태백산맥 자락으로 굽이굽이 골짜기가 펼쳐져 있긴 하지만, 그리 깊지 않다. 빨치산이 꼭꼭 숨기엔 여의치 않아 보인다. 이쪽저쪽에서 좁혀오면 오도 가도 못할 듯하다.

우리나라는 작은 나라구나… 저 골짜기에 숨어들었던 많은 사람들을 떠올리며 "사랑도 명예도 이름도 남김없이…" 스러져간 이들을 위해 짧은 묵념을 올렸다. 더위와 산행, 며칠째 씻지 못했어도 소설『태백산맥』의 그들을 떠올리면 아무것도 아니었다.

●●

87년 설악산

86년 지리산 등반에 이어 87년 여름방학은 설악산으로 가기로 했다. 산행을 즐겨할 만큼 여유로운 사람들도 아니었고, 장비도 변변치 않았지만 얼마나 즐거웠겠는가? 산행 가기 얼마 전부터 식단을 짜고, 준비물 담당자를 정하고, 코스를 짜며 준비를 했다. 부푼 마음만큼 큰 짐을 짊어지고 청년 10여 명이 홍동을 나섰다. 한동안 홍동은 조용했지 싶다.

등반을 하는 것 못잖게 강원도 설악산 입구까지 가는 여정도 즐거웠다. 속초를 출발점으로 삼고, 서로 밀고 당기면서 지도를 보며 "여기쯤에 우물이 있다는군." "저기쯤에 텐트를 치면 되겠어." 하며 올라갔다. 지도에 있던 우물을 찾기 힘들어진 우리는 산행 중 목이 몹시도 말랐다. 마침 바위틈으로 흐르는 물을 발견하고는 입술을 대고 마시기도 했다. 안경을 쓴 나는 물을 먹기 위해 안경을 벗어놓고 겨우 흐르는 물로 입술을 축였다. 그리곤 힘을 내어 한참을 오르다가, 안경을 벗어놓고 그대로 올라왔다는 것을 알았다. 이제 첫날, 10여 명이 야영을 할 장소까지 가려면 한참을 더 가야할 텐데, 안경을 가지러 내려갔다가 다시 올라올 엄두가 나지 않았다. 안경을 포기하고, 나머지 산행을 해야 했다. 그래도 별 불편함이 없던 설악산 등반. 덜 보이는 눈 대신 다른 것으로 채우면 그만인 시간이었다.

설악산에는 잣나무가 많았다. 잣이 주렁주렁 달려있었다. 저것으로 술 담그면 아주 끝내준다고, 술을 좋아하는 몇몇이 그 큰 잣나무로 올라가 잣을 따서 아래로 던지고, 우리는 주워 배낭에 담았다. 잣송이를 그대로 넣고 소주를 부어 만든 설악산 잣술은 진했고, 우리에게 설악산의 기억을 소환했다.

●●

6.10 민주항쟁

87년 1월, '턱 치니 억하고 죽더라'는 박종철 치사사건이 일어났고, 6 · 10 국민대회를 하루 앞둔 6월 9일, 시위에 참여하던 이한열 학생이 경찰이 발사한 최루탄을 머리에 맞고 쓰러졌다. 박종철 고문치사 사건 이후 발생한 일이어서 국민들의 분노는 걷잡을 수 없이 번져나갔고, 전국 33개 도시에서 하루 100만 명 이상의 시민들이 모여 벌이는 시위가 계속되면서 이른바 6월 민주항쟁의 정점에 이르게 되었다.

경이 언니와 나는 어린이집을 조금 일찍 마치고, 동네 사람들과 기차를 타고 천안역 광장으로 갔다. 어린이집 선생이기 전에 대한민국 국민으로서의 역할을 해야 한다고 느꼈다. 충남 각지에서 모여든 사람들, 학생들, 주부들과 아이들, 넥타이 부대라고 하는 사무직 사람들 모두가 천안역 앞 광장을 지나 큰 도로를 가득 메웠다. 약국에서는 박카스를, 슈퍼에서는 요구르트며 음료수를 도로에 앉은 사람들에게 나눠주고, 처음 만나는 사람들과도 자리를 양보하고 격려하며 군부정권 퇴진과 민주화를 외쳤다. 집회를 마치고 대부분은 해산했지만, 일부는 가두시위를 벌였고, 이때는 경찰이 진압에 나섰다. 홍성 사람들과 헤어지고, 같이 다니던 언니와도 헤어졌다. 이리저리 도망가던 무리에 휩쓸려 다니는데, 뒤에서 "다다다다" 하는 소리와 함께 주변 사람들이 흩어졌다. 같이 뛰다가 나는 본능적으로 멈추고는 묶었던 머리를 풀었다. 그리곤 횡단보도에 보행자들과 함께 서서 파란불을 기다리며 길을 가던 사람인 척했다. 달려가던 사람들은 결국 뒤쫓던 경찰에 잡혔지만, 나는 유유히 기차역으로 갈 수 있었다.

기차도 끊기고 아는 사람도 없고, 나는 혹시 언니를 만날 수 있으려나 하는 바람으로 천안역에서 밤을 새웠다. 마침 집을 나와 역에서 배회하는 가출소년들이 있어 그 아이들과 빵도 나눠먹었다. 열 살 안팎의 아이들이 아버지가 때린다고 집을 나왔단다. 대합실을 서성거리는 아이들은 딱히 갈 데도 없어 보였다. 하지만 그땐 내가 더 딱해서 그 아이들을 챙길 경황도 없었다. 새벽이 오니 누군가 다가왔다. 저기로 가면 쉬는 곳이 있다고, 자기는 무슨 기자라고 소개를 했다. 하지만 옆에 있던 아이들이 눈치를 준다. 저 사람 나쁜 사람이라고… 아이들과도 헤어져 푸른 새벽빛을 받으며 역을 나오니, 그 사람이 경찰서 가는 길을 알려준다며 다가왔다.

나는 일부러 대로변을 택해서 경찰서로 갔다. 역시 언니는 유치장에 들어가 있었다. 나는 덜덜 떨며, 그들이 알려주는 대로 기차비를 빼고 주머니를 탈탈 털어 영치금을 넣어주었다. 함께 갔다가 혼자 돌아오는 기차에서 '앞으로 어떻게 혼자 어린이집을 해야 하는지.' '언니는 유치장에서 어찌 지낼지.' 걱정으로 혼란스러웠다. 다행히 일을 쉬고 집에 있던 고등학교 동창이 서울에서 내려와 도와줘서 별 탈 없이 언니의 빈자리를 채울 수 있었다. 일주일 후 언니는 풀려났고, 우리는 제자리로 돌아왔다.

6.10 민주항쟁의 결과, 당시 노태우 민정당 대통령 후보로부터 직선제 개헌, 대통령선거법 개정, 김대중 사면복권 등을 골자로 하는 '6 · 29선언'을 이끌어내게 되었다. 그리고 7월 이한열 학생은 결국 숨을 거두었다.

진실은 항상 느리다고 누군가 말했듯이, 나는 30년 세월을 지나 오늘에 느릿느릿 이르렀다. 그 모든 일들을 거치며 '오늘의 나'가 된 것이다. 미숙했지만 나는 어린이집이라는 온실에서 아이들만 가르치는 선생님은 아니었다. 나와 우리 아이들이 살아갈 사회를 직시하고, 변화에 참여하는 시민이고자 했다.

● ●

광주 망월동 묘역

경이 언니와 주말을 낀 연휴를 이용하여 광주 망월동을 다녀왔다.

광주 시내에서 버스를 타고 가다가 내려, 숲 사이로 난 길을 한참 걸어 가면 망월동 공동묘지가 있고 한편에 '5.18 묘역'이 있다. 묘역으로 들어서서 하나하나 비문을 읽는다. "여보, 당신은 천사였소. 천국에서 다시 만납시다." 광주민주화운동 당시 임신 8개월 몸으로 남편을 기다리다 군인들이 난사한 총에 맞아 사망한 분이다. 웨딩드레스를 입은 화사한 신부 사진이 있던 묘지. 죽음을 맞이했을 당시가 그때 내 나이와 비슷했으리라. 한참 빛나는 나이 말이다. 그 아이가 태어났으면 서른일곱 살이 되었으리라.

난 박관현 묘를 찾았다. 5.18 당시 전남대 학생회장이던 그는 도피 중 82년 내란음모죄로 구속되고 모진 고문과 50일간의 단식투쟁 끝에 숨을 거두었다. 20대 청년이 곡기를 끊고 서서히 삶과 멀어져 갔다. 젊디젊은 이가 무슨 의기로 그러했을까? 왜? 박관현의 영정에 질문을 하며, 난 그의 묘 앞에 한참을 서있었다. 울퉁불퉁한 무덤과 저마다 다른 비문과 꽃들, 사진들이 어찌 그리 많은 이야기를 하던지… 살아있으면 65세. 나보다 열 살이 더 많다.

1993년. 사회복지법인 갓골어린이집으로 새롭게 개원한 후 연수를 다녀오는 길에, 그래도 망월동은 다녀와야 한다며 신입 선생님들과 찾아간 묘역은 새롭게 단장되어 있었다. 기념관도 생기고, 더 좋아지긴 했지만, 스산한 슬픔이 전 같지는 않았다. 난 천사와 박관현을 찾았다. 내가 왜 그리 박관현과 광주항쟁에 마음이 갔는지, 이 글을 쓰며 조금 알 것 같다. 1963년 박정희 군부정권이 기승을 부리던 때 태어나, 고등학교 1학년 때 12.12사태가 일어났고, 2학년 때 광주항쟁 유혈진압과

삼청교육대의 인권유린을 목도했고, 고3 때는 신군부가 정권을 장악했다. 화려하게만 보였던 대학생활은 내 삶을 관통하는 이러한 일련의 사태로부터 눈을 돌리려는 시간이 아니었나 싶다.

아버지는 군인을 가르치는 교수였다. 민간인 신분으로 군인들 덕분에 먹고살긴 했어도, 군인들을 아주 싫어하셨다. 나는 아버지의 직장인 군부대 내 관사에서 살았다. 동네 아이들과 6.25 때 사용했다는 탱크와 장갑차를 타고 놀았다. 탱크에 들어가 실제 전쟁터에서 적군을 조준사격했던 렌즈로 누군가를, 혹은 무엇을 조준하며 놀았다. 총알 흔적이 있는 전투기에 올라가 어딘지도 모르는 곳을 향해 폭탄을 투하하기도 하고, 학교에서 걸어오면서 건너는 굴다리의 여기저기 움푹 패인 총탄 자국을 만지며, "공산당은 싫어."라며 온몸을 떨기도 했다.

초등학교 2학년인가 3학년 때 민방위훈련이 시작되었다. 선생님의 신호에 따라 교실에서 운동장으로 뛰어나갔다 들어오며, 책상에 엎드려 운 기억이 난다. '이건 훈련이야. 지금 전쟁이 난 건 아니야.' 하지만 사이렌과 함께 밀려오는 공포는 막을 수가 없었다. 마치 닭꼬치를 꿰듯, 군인과 공포는 내 삶을 관통하고 있었다.

난 지금도 영유아에게 하는 대피훈련, 여러 예방교육이 그들의 삶을 얼마나 공포로 물들게 할 수 있는지 안다. 그래도 하지 않을 수 없다면, 전문가에 의해 아주 조심스럽게 최소한으로 다뤄져야 한다고 생각한다. 하지만 요즘은 점점 더 사실적이고 강하게 다뤄져 걱정이다. 결국 '안전'을 빌미로 '공포와 두려움'에 안방을 내어 주고 있다. 두려움이 지배하는 삶이란 얼마나 피폐한 것인가?

● ●

홍성군농민회

"1980년대 들어 전두환 정권은 재정 적자를 줄이고 물가를 안정시키기 위해 이중 곡가제를 폐지하고 추곡 수매가를 동결하였으며, 부족한 농산물을 즉각 수입하는 개방화 정책을 확대하였다. 한국 경제가 대규모 무역 흑자를 지속하자 미국을 비롯한 세계 여러 나라에서 무역 협상을 통해 농산물 시장을 개방하도록 압력을 가하면서 농산물 수입은 더욱 급증하였다. 이에 농민들은 농민회를 조직하여 농지세와 수세의 부당한 징수와 추곡 수매가를 현실화하도록 요구하고, 농축산물의 수입 개방에 반대하였다.

또 복합 영농정책의 일환으로 농민에게 소를 키우도록 권장하며, 무이자로 5년간 분할 상환하는 자금을 빌려주었다. 그러나 한편으로는 4년 동안 약 78만 마리분의 소고기와 15만 마리의 소를 수입하였다. 이에 소값이 송아지 가격보다 못할 정도로 폭락하면서 전체 농가에 약 2조 원의 피해가 발생하였다. 1985년 7월, 경상남도 고성군 농민은 소값 폭락에 항의하여 소를 몰고 장터를 도는 시위를 벌였다. 이를 시작으로 두 달 동안 전국 2만여 명의 농민이 소몰이 투쟁에 참여하였고, 미국산 농축산물의 수입에 반대하는 투쟁을 함께 전개하였다. 이를 계기로 농민들은 군 단위로 농민 조직을 만들어 갔으며, 1987년 2월에는 전국농민협회를 결성하였다. 이후 농민들은 수세 폐지, 고추 전량 수매, 농축산물 수입 개방 중단 등을 요구하는 운동을 전개하였고, 1989년에는 가톨릭농민회와 기독교농민회까지 참가한 전국농민운동연합을 결성하였다."(출처 – 새마을 연수 교재, 서울교육원).

당시만 해도 여러 사람이 모일 장소가 마땅치 않아, 갓골어린이집에 모여 회의와 교육을 했다. 독일 기자인 위르겐 힌츠페터가 찍은 광주사태 비디오 테이프를 함께 보고, 80년 당시 전남대 총학생회장을 지내다, 82년 단식투쟁 끝에 숨을 거둔 박관현 열사의 책『새벽기관차』(박관현 평전)를 함께 읽었다. 책의 한 소절인 "나도 노동자와 결혼할 수 있다."에 꽂혀 "나도 농민과 결혼할 수 있다."라고 했다가 중견 농민회분에게 서울 기자가 책임지지도 못할 말을 한다며 된통 혼나기도 했다. 그래서였나, 1988년에 난 농민과 결혼하였다.

그런 시간들을 지나 1987년 가을. 홍성군농민회가 창립되었다. 창립대회는 홍성역에서부터 읍내까지의 가두행진으로 시작되었다. 행사를 위해 피켓과 걸개그림을 어린이집 주방에서 농민회원들과 준비했다. 어린이집 선생이라 그림을 잘 그릴 거라는 이유로 나는 휘장을 그렸다. 거친 마직천 위에 먹물로 그림을 그리고 '홍성군농민회'라고 쓰던 생각이 난다. 밤을 새워 피켓 여러 개와 휘장도 만들었다. 창립 당일, 나는 일이 있어 참석하지 못했지만, 홍성 혜전대 학생들도 함께 하는 등 제법 많은 사람들이 가두행진에 점석했다고 한다. 이후에도 홍성군농민회는 활발한 활동을 하였으며, 그때의 청년들이 지금은 장년이 되어 다방면의 농촌운동을 펼치고 있다.

●●

입영전야

지금은 고인이 된 선영이. 자유분방하고 정 많고 일 잘하던 청년이었다. 선영이는 홍동 젊은이들과 농사를 지으며, 공동체를 꿈꾸었던 청년이었는데, 젊은 나이에 스스로 삶의 끈을 놓아버렸다. 홍동에서 홍성으로 가는 길목에 놓인 공동묘지에 있을 그의 묘에 가보지도 못했다. 그리 즐기던 소주 한잔 부어주지도 못한 못난 시간들이 부끄럽다. 그래도 나와 선영이를 잇는 선명한 기억을 떠올리며, 크고 동그란 다이제스티브 과자를 한 입에 넣고 우물거리던 선영이의 명복을 빈다.

선영이와 잘 어울렸던 준호가 군대를 간단다. 내일 훈련소에 들어가니, 입영전야에 홍성에 가서 저녁을 먹기로 했다. 어린이집을 마치고 셋이 준호의 오토바이를 타고 홍성으로 갔다. 1차는 밥을 먹고, 포장마차에서 2차를 하니 모두 취했다. 우린 무모하게 홍성에 올 때처럼 오토바이를 타고 홍동으로 향했다. 준호가 운전을 하고 가운데 선영이가, 맨 뒤에 내가 타고 출발했다. 속도감이 제법 느껴졌다. 역재방죽을 막 지났을 무렵 오토바이는 길가로 가더니 전봇대를 들이받았다. 나는 붕 떠서 길 한가운데에 떨어졌다. 글을 쓰는 지금이야 헛웃음이 나오지만, 배가 바닥에 철퍼덕 닿으며 숨이 턱 막혔다. 이러다 죽지 싶었다. 괴로움에 몇 번을 뒹굴거리니 숨이 쉬어졌다. 늦은 시간이라 차가 거의 없었지만, 맞은편에서 차가 왔다면, 나는 아마 처녀귀신이 되었을 거다. 선영이와 준호는 어디 갔을까? 조금 후 풀숲에서 나타난 선영이는 운전자인 준호의 헬멧에 얼굴을 부딪쳐 앞니가 몇 개 나가 피를 흘리고 있었고, 겉모습은 멀쩡한 준호는 팔이 부러진 것 같다며 한쪽 손으로 부러진 팔을 잡고 있었다. 오토바이는 거의 부서졌고… 나는 아픈 배를 잡고, 준호는 부러진 팔을 잡고, 사지 멀쩡한 선영이는 투덜거리며 밤길을 걸어 어린이집으로 왔다. 30분 넘게 걸어오는 사이 우리는 패잔병 같은 서로를 보며, 누가 더 다쳤네, 준호는 군대 어떻게 가냐는 등의 애처로운 수다를 떨었다.

결국 준호는 입대가 늦어졌다. 선영이는 치과 치료를 받아야 했고, 나는 언니의 극진한 간호를 받으며 하루 쉬고는 일상으로 복귀할 수 있었다.

아이들이 걸음을 걷기 위해서는 숱하게 넘어지고 깨지는 시간이 필요한 것처럼, 걷고 난 후의 달리기를 위해서도 다리 꼬임이나 발목이 삐끗하는 시간이 나에게도 필요했다. 혹자는 '선생님이니까, 여자니까' 하며, 부드럽고 아름다운 시간들만을 가질 것을 요구하지만, 희로애락(喜怒哀樂)의 인생에서 누군들 노(怒)와 애(哀)에서 비켜갈 수 있을까?

●●

신랑을 만나다

역사의 소용돌이에 휘말린다고 하는 것처럼, 내 삶도 소용돌이에 휘말렸다. 풀무학교를 졸업한 그는 86년 제대를 하고 농사를 천직으로 알고 살아가던 동갑나기 마을 청년이었다. 나는 그와 연애를 하고 88년에 결혼을 했다. 그는 호적을 한 해 늦게 올려 그렇게 되었다고, 실상은 자기가 오빠라고 아직도 우긴다. 가족들이 모일 때마다 한바탕 논쟁을 하곤 하지만, 잘할 땐 오빠, 못하면 동생 취급하며 지내면 그만이다.

신랑은 집안이 어려워 초등학교를 졸업하고 남의 집 머슴으로 가려고 계약금까지 받았단다. 그런데 풀무학교 교감으로 계시던 최성봉 선생님께서 집으로 찾아와 학교 보내라고, 저 아이는 공부해야 한다고, 계속 설득하셨단다. 아이큐 검사를 했는데, 무척 높게 나왔다고. 이것도 역시 '카더라' 중 하나이지만, 머리가 나쁘지는 않은 것 같다.

신랑은 초등학교를 다니며, '준비물 안 가져왔다고, 도시락 안 싸왔다고' 혼나기만 해서 풀무학교고 뭐고 학교는 안 간다며 버텼단다. 얼마나 찾아와 학교 보내라고 하셨던지, 신랑은 결국 풀무 중 · 고등부를 다니게 되었다. 당시 풀무학교는 인가를 받지 않아 학력 인정은 안 되었지만 신랑은 선생님 덕분에 학교에 다닐 수 있었다고 감사하게 생각한다.

신랑은 풀무학교에 들어가서 공부보다는 일을 더 했다고 한다. 풀무목장에서 새벽부터 젖을 짜고, 풀을 베어서 소들을 먹이고 하면서 수업시간에는 대부분 잤다고 한다. 선생님들이 가끔 책을 가져와 이거 베고 자라고 하기도 했다고… 지금이야 우스갯소리로 하지만, 사춘기 시절의 신랑을 생각하면 마음이 아프다. 그렇게 다른 세상이었구나 싶다. TV에서 보도되는 미국의 아폴로 달 착륙 소식을 보려고 우리 집에 동네 사람들이 몰려왔을 때, 신랑네는 전기도 안 들어왔다고 한다. 학창시절에 그렇게 잤으면서도 "일만 하면 소, 공부만 하면 도깨비"라던 풀무학교 설립자 이찬갑 선생님의 말씀이 새겨졌나, 다행히 지금은 소도 도깨비도 아닌 '사람'이 되었다.

갓골어린이집을 드나들던 청년 중 한 사람이었던 신랑을 만나 결혼식을 올리는 날, 친정 부모님이 결혼을 허락하지 않아, 우리 식구로는 큰오빠 내외만 참석하였다. 홍성군농민회 초대회장이셨던 분이 축사를 해주셨고, 시부모님과 동네분들이 마련한 콩국수잔치로 한창 무더운 여름날 전통혼례를 치렀다. 나는 경황이 없어 보지 못했지만, 큰오빠와 새댁이었던 올케언니가 그렇게 울었다고 한다. 내가 중학교 1학년이 되던 해에도 '마지막 어린이날'이라며 선물을 주던 오빠다.

당시 함께 교사로 있던 우선 언니는 어린이집 아이들을 데려와 결혼식을 빛냈다. 그때 아이들이 지금 삼십대 후반이 되었을 것이다.

그 후 결혼식 사진을 제대로 보지 못했다. 30년이 지나서야 결혼식 사진을 다시 볼 수 있었다. 철없이 부모님 말씀을 거스르며 신랑과 살겠다고, 내가 알아서 한다고 했던 결혼… 이 역시 불현듯 결정하고, 실행하고, 숱한 시행착오를 거치며 살고 있는 내 삶의 반복된 리듬이었으리라. 신랑과 나는 살아온 삶이 그리 달랐으니, 지향하는 점도 좋아하는 것도 달랐다. 그나마 정치적, 사회적 지향점은 비슷해서 선거 때마다 같은 정당을 찍고 서로의 사회활동을 지원하였다. 그래서일까? 나는 요즘 젊은이들의 좌충우돌을 담담히 바라보는 노인네가 되려는 듯하다. 가끔 신랑이 "너, 나 만나서 사람됐어."라고 하면 이렇게 되뇌

인다. '사람이 벌써 되었다구? 아직 사람되는 중이야~'

이 글을 쓰는 것이 가장 어렵다. 왜일까? 다시 그 소용돌이 속으로 들어가는 것은 참 어렵기 때문이리라. 다시 들어가라고 하면… 글쎄. 이 소용돌이는 아니고 다른 소용돌이에 휘말리겠지만 말이다.

● ●

버텨야했던 시간들

어린이집의 아가씨 선생님으로 사는 것과 결혼을 해서 농촌 여성으로 사는 것은 너무 달랐다. 그냥 열심히 하면 되는 줄 알았다. 하지만, 그 '열심히'의 무게가 달랐고, 내겐 너무 버거웠다. 그 당시 농촌에서는 어른들의 생신 때 동네 분들을 초대했다. 게다가 환갑, 결혼식, 돌잔치 등을 모두 집에서 치렀다. 빨간 고추를 따서 정성껏 말려 고춧가루를 만들 듯, 깨, 참기름, 들기름 등 모든 양념과 음식재료를 심는 것부터 해서 수확과 가공까지 직접 했다. 큰 잔치 때는 소와 돼지도 직접 잡았다. 거기다 육아는 온전히 여성의 몫이었다.

여자들의 일은 끝이 없었다. 그래도 동네 아주머니들은 어찌나 그런 일들을 묵묵히 잘해내는지… 그런데 농촌 여성들이 이러한 일들을 낮에 하는 게 아니었다. 낮엔 논이고 밭이고 축사를 드나들며, 남편과 함께 쉼 없이 일하고 모시고 사는 어른들의 끼니도 챙겨야 했다.

러셀 베이커의 자서전 『성장』엔 유년기 모리슨빌에서의 이야기가 나온다. "어비 삼촌은 평생 수천 번도 더 써먹었을 말을 나지막하게 내

뱉었다. 남자는 해가 떠서 질 때까지 일하지만, 여자들의 일이란 끝나는 법이 없어. 그 말에 사람들은 조용히 고개를 끄덕이며 동감을 표했다.”

한국이고 미국이고 ‘여성의 노동’은 끝이 없나보다. 직장을 다니고, 아이를 기르는 것만으로도 헉헉대는데, 그런 일들을, 그것도 ‘기본’으로 해야 한다는 것은 내겐 너무 벅찼다. 그러니 늘 나 스스로도, 타인이 볼 때도 농촌 생활에 못 미치는 것이 너무 많았다. 기본 생활은 다른 여성들이 도와주고, 공부만 하며 똑똑하고 부지런하다는 말을 듣고 살아온 내게 농촌 여성으로서의 삶은 실패의 연속이었다. 참 힘든 시간이었다.

요즘 귀농하는 사람들은 오히려 도시적 삶을 농촌에 가지고 온다. 그래서 ‘여기 사람’이 아닌 ‘그들’로 남는다. 어차피 사람은 잘 변하지 않는 것을, 우격다짐으로 구겨 넣으려 했던 내 젊은 시간들을 돌아보며, 시대가 나아졌음을 느낀다. 다시 나를 비롯한 ‘우리들’은 ‘여기 사람’이 되려고 부단히 애를 썼다. 그런 시간들에 연민을 느낀다.

● ●

예쁜 세 딸들

“어떻게 결혼하셨어요?” 누군가 물어오면, “선녀와 나무꾼이지요.” 혹은 “온달과 평강공주요.”라고 대답을 하곤 한다. 내가 즐겨하는 대답은 전자인 ‘선녀와 나무꾼’이다. 목욕하러 이 땅에 내려왔다가, 날개

옷이 없어, 그 옷을 숨긴 장본인과 결혼하는 선녀. 나무꾼은 아이를 셋 낳을 때까지 숨긴 날개옷을 주지 말라는 사슴의 말을 어기고, 둘만 낳은 상황에서 숱김에 옷을 주었다가

세 딸들.

낭패를 본다는 옛이야기다. 나는 그 이야기의 어디에 끌렸을까? 필시 선천적 질환 중 하나인 '선녀병'과 '아이 셋'이지 싶다. 게다가 남편을 '나무꾼'이라는 튼실하고 우직한 이미지에 묶어 두니, 내 결혼에 대해 그 이상의 설명은 찾기 어렵다.

20대, 30대 그리고 40대에 하나씩, 예쁜 딸을 셋 낳았다. 늦둥이 막내딸을 낳고 경사를 맞은 이가 흔히 그렇듯 친구들에게 술을 산다며, 주머니에 두둑이 현금을 가지고 나간 나무꾼은 두둑한 주머니 그대로 집으로 돌아왔다. 친구들이 어깨를 툭툭 치면서 '위로주'를 사줬다나… 그래도 정작 나무꾼은 딸이라 너무 좋다며, 예쁜 세 딸들을 고루 사랑한다.

친정아버지는 동갑내기와 당시 흔치 않던 연애결혼을 하셨다. 머리가 좋고 권력욕도 강했던 어머니와 달리 아버지는 학자로서 조용하게 책을 보며 사셨다. 동네에서 '빛나는 사 남매'였던 우리를 보며 "너희들을 낳은 건 정말 잘한 일이야. 네 엄마에게 너희처럼 멋진 아이들을 낳아준 걸 감사해야 해."라며 어머니를 향한 화를 삭이곤 하셨다.

아이를 낳아 기르면서 어느덧 나이를 먹고 나니, 나도 당신처럼 아

이들을 보며 말하곤 한다. "너희를 만난 건 정말 행운이야. 너희들을 낳은 것만으로도 이승에서 할 일은 다했다 싶어." 도시 처자가 시골 나무꾼을 만나고, 만만치 않은 삶의 강을 허우적허우적 건너며 상처투성이가 되었어도, 내겐 예쁜 세 딸들이 있다. 나무꾼 신랑을 만나고, 딸들을 낳으며 난 아직도 사람이 되어가는 중이다.

문화동어린이집 이야기

●●

준비위원회

큰 숙 선생님은 기어이 문화동어린이집을 만들 참이다. 86년 2월 제5회 졸업 및 수료식을 마치자 갓골어린이집은 작은 숙 선생님과 내게 맡기고 본격적인 준비를 시작했다. 문당리, 화신리, 동곡의 대표자들을 만나 그 지역 유아기 아이들에게 돌봄의 장소가 필요함을 이야기하고, 큰 숙 선생님 자신이 그 일을 하겠다고 했다. 당시 홍동에서 두 숙 선생님에 대한 지역 사람들의 신망은 대단했다. 이영숙이 한다고 하니, 젊은 아버지와 어머니들이 호응을 하여 어린이집을 만들자는 큰 틀이 결정되었다. 하지만 '어떻게'의 문제를 해결해야 했다. 장소는 청년들이 주축이 되어 주민들을 설득하여 문당리 마을회관으로 결정되었고, 나머지는 어린이집을 만드는 최소한의 비용을 마련하는 일이었다. 발이 넓은 큰 숙 선생님이 몇몇의 후원자에게 도움을 청하면 어느 정도는 가능할 일이었지만, 선생님은 마을과 함께 움직이지 않으면 안 된다고 하며, 마을 청년들이 주축이 된 '문화동어린이집 준비(추진)위원회'와 함께 여러 활동을 하게 되었다. 들일을 하던 분들이 바지 깊숙한 호랑(주머니의 사투리)에서 꼬깃꼬깃 접힌 돈을 주시더라며 벅찬 감동을 전하던 큰 숙 선생님의 모습이 선하다.

이천 원, 삼천 원… 문화동어린이집은 그렇게 동네 사람들의 힘으로 만들어졌다. 가가호호 방문하여 어린이집을 세우게 되었음을 알리고, 아이들을 돌보기 위해 마을회관을 정비하고, 몇 가지 물품 구입을 위한 비용이 필요함을 알렸다. 마을에서는 마을의 대표와 젊은 부모들을 중심으로 회의를 통해 어린이집에 대한 이야기를 전했다. 드디어 십시일반의 성금으로 어린이집의 공사가 가능하게 되었다. 아버지들은 신발장과 신발을 만들고 화사하게 페인트칠을 하고 어머니들은 청소며 빨래를 하는 등 한마음이 되었고, 마침내 아이들은 집에서 좀 더 가까운 어린이집에 다닐 수 있게 되었다.

그런데 막판에 어린이집의 이름 문제가 대두되었다. 문당리, 화신리, 동곡 부락 모두 자신들이 중심이라 여겼다. 많은 토론 끝에 절충된 어린이집의 이름은 '문(당리), 화(신리), 동(곡) 어린이집'이었다. 문화동어린이집을 세워야겠다는 마음과 확신은 큰 숙 선생님의 '열정'에서 시작되었지만, 설립에 이르기까지의 전 과정은 여러 마을 사람들이 함께 한 '빛나는 시간'이었다. 내가 이렇게 문화동어린이집 개원 과정을 기록하는 이유는, 상황의 차이는 있었겠지만 갓골어린이집 설립도 비슷한 과정을 거쳤으리라 생각하기 때문이다. 모든 것이 갖춰진 상태에서 시작하는 것이 아니라, 그러한 것을 갖추기까지, 협력하고 갈등을 이기며 함께했던 모든 사람들의 '빛나는 시간'들을 기억하고자 함이다.

●●

개원식

문화동어린이집 개원식은 동네잔치였다. 4월이었던 것으로 기억한다. 아이들의 집을 만드는 데 자신들이 디딤돌을 놓았다는 자부심에 온 동네는 자랑으로 빛났고 자축의 잔치는 흥겨웠다. 풍물놀이로 흥을 돋우고, 떡과 국수에 막걸리도 푸짐했다. 서울에서 성악을 전공한 젊은 아빠가 오르간을 치며 부르는 가곡 또한 아주 그럴 듯하게 어우러졌다. '문화동어린이집'이라고 쓴 나무현판을 걸 때는 모두의 노고를 위로하는 힘찬 박수가 터졌다(이 현판은 현재 문당리환경회관 민속박물관에 보관되어 있다.). 한벗회 백진앙 선생님도 오시고, 갓골어린이집에서도 가서 돕고, 부녀회와 자모회에선 음식을 준비하는 등 말 그대로 온 동네 잔치였다. 문화동어린이집의 모태가 된 갓골어린이집이 만들어질 때도 이러했으리라. '어른들이 힘을 모아 아이들을 위한 안전하고 믿을 만한 교육 자리를 마련한다는 것'은 지금 생각해도 참으로 '빛나는 일'이었다.

요즘 대한민국의 출산율은 세계 최저 수준이고, 홍성도 아이들이 점점 줄어들고 있다. 그런데 86년부터 92년 2월까지 홍동면에 두 곳의 어린이집과 병설유치원 등 유아교육 시설이 3곳이나 있었다니, 지금보다 살기 좋은 시절이었나보다.

갓골에 남은 작은 숙 선생님과 나는 '뭔 일을 그리도 벌이나?' 하는 맘도 있었지만, 꿈을 좇으며 끝내 이루고야 마는 큰 숙 선생님에게 부러움과 존경심도 있었다.

●●

콩밭 매는 선생님

문화동어린이집을 만들고도 큰 숙 선생님은 일을 더 벌였다. 농사를 지어야 한다며(짓고 싶다가 아니라, '지어야 한다' 였다.) 산자락에 있는 밭을 빌렸다. 지금이야 길이 좋아 산자락에도 차가 들어가고, 웬만한 기계도 들어가지만, 당시의 그 밭은 걸어서야 겨우 올라갈 수 있었다. 도대체 그 밭을 어떻게 갈았는지, 거름은 어떻게 냈는지, 상상이 가지 않는다.

콩을 심었는데, 종일 아이들 돌보고 나서 밭까지 걸어가면 저녁 때가 다 되어 일을 얼마 못하고 돌아서야 했다. 그래도 해본다고 했는데, 풀을 매고 돌아서면 또 풀밭이다. 하루는 아픈 몸으로 밭에 가야 한다며 나서길래 같이 가봤는데, 오고가는 길에 기력이 다 빠졌다. 86년과 87년 큰 숙 선생님은 그렇게 문화동어린이집과 산밭을 오가며 열심히 살았다. 몸살이 나서 움직이지 못하면, 작은 숙 샘은 갓골로 데려와 죽을 쒀주고, 약을 먹여 간호하곤 했다.

문화동어린이집에 큰 숙 선생님과 함께 있던 주병례 선생님은 홍동이 고향이고, 풀무학교를 나와 홍동의 울타리약국에서 근무하기도 하였다. 마침 선생님이 필요하던 차에 문화동어린이집 선생님으로 가게 되었고, 유일하게 내게 언니라고 부르던 선생님이었다. 그녀 역시 풀무학교를 졸업한 지역의 선배와 결혼하여, 잘 살고 있다.

●●

홍주성 나들이

갓골과 문화동어린이집이 함께 홍성읍에 있는 홍주성으로 나들이를 가던 날, 문화동은 화신리에서 먼저 버스를 타고, 갓골어린이집 식구들은 송풍에서 탔다. 버스에서 서로 만나 인사하고, 함께 홍성터미널에서 내려 아이들과 걸어서 도착한 홍주성. 내가 벌써 지친다. 이 와중에도 큰 숙 선생님은 "하하하" 그 큰 웃음으로 아이들과 뛰어다닌다.

홍주성은 해미읍성에 비해 성곽이 많이 훼손되었지만, 홍성의 중앙에 자리 잡고 정기를 사방으로 보내고 있는 곳이다. 당시는 큰 교회가 읍성 한가운데에 있었고, 우물도 있었다. 맞은편의 홍성군청엔 조선시대 홍주목(洪州牧)의 동헌(東軒)으로 사용되던 안회당(安懷堂)이 있고, 뜰에 있는 작은 연못엔 여하정이라는 정자가 있었다.

홍주성의 너른 잔디밭에서 여장을 풀고 갓골과 문화동어린이집이 함께 도시락을 먹고 게임도 하며 놀았다. 줄다리기를 하다가 문화동어린이집 아이가 넘어졌다. 작은 숙 선생님, 나 그리고 문화동의 젊은 선생님까지 모두 제자리에 그냥 있었다. 큰 숙 선생님이 달려가더니 아이를 안고 달래며 "어떻게 모두 가만히만 있지?"라며 한마디 하셨다. 그제서야 우리는 넋이 돌아왔다, "왜? 몸이 안 움직이지?" 미안하고 민망한 시간이었다. 큰 숙 선생님의 열정은 도대체 어디서 나오는 거지? 힘이 들기도 할 텐데… 난 뭐지?

● ●

이쁜이 엄마

문화동에 가면 가끔 고운 여자분이 계셨다. '이쁜이 엄마'다. 동네 사람들도 이름은 모르고 모두 그리 불렀다. 하루는 문화동에 갔더니 아무도 없다. 나중에 들은 바로는 이쁜이 엄마가 배가 아프다며 어린이집에 와서 선생님들과 병원에 갔다고 한다. 아무리 아파도 옷은 갈아입고 가야 한다고 해서 큰 숙 언니의 분홍색 원피스를 곱게 차려입고 갔다고 한다. 병명은 급성맹장염. 역시 '이쁜이'가 맞다.

산들바람처럼 조용히 왔다 조용히 가곤 하던 이쁜이 엄마. 예쁜 것을 좋아했던 사람. 오히려 '이쁜이'는 나중에 낳았다. '이쁜이 엄마'가 낳았으니 모두 그 아이를 '이쁜이'라고 불렀다. 어찌나 끼고 다니는지, 아무에게도 안 가고, 옆에 누가 오기만 해도 자지러질 듯 울었다. 워낙 작아서 움직이는 인형 같았다.

어느 날 농사일이 늦게까지 끝나지 않던 날, 신랑이 술 취한 이쁜이 아빠와 귀가 먹먹하게 우는 이쁜이를 데리고 왔다. 트럭을 끌고 가다 길옆 풀숲에 뭔가 움직여서 보니 아빠는 술 취해 자고 있고, 이쁜이가 꼬무락거리며 옆에 있더란다. 3살 정도 됐을까? 이쁜이는 또래보다 작은 아이가, 또래 보다 크게 울어 젖혀 아빠 말고는 누구도 만질 수 없었다. 이쁜이의 출생에 대한 이야기는 여러 가지가 있었는데, 모두

'카더라' 였고 정확한 것은 아무도 몰랐다.

한동안 이쁜이 엄마와 이쁜이가 안 보였다. 들려오는 이야기는 아이를 잃어버렸단다. 걷지 못할 때는 엄마와 한몸이더니, 걸으면서부터 조금씩 떨어졌나보다. 아이를 잃어버린 엄마는 아이를 찾는다며, 나가서 어디로 갔는지 그 후론 볼 수가 없었다. 이쁜이와 이쁜이 엄마가 사라지고도 한동안 동네에 살던 이쁜이 아버지와 언니, 오빠들도 다 어디로 갔는지 없다. 이쁜이가 어딘가에 있으면 내 큰딸과 비슷한 이십대 후반일 텐데… 그저 잘 있기를 바랄 뿐이다.

● ●

마을 사람들의 후원

문화동어린이집은 개원뿐만 아니라, 운영을 하면서도 주민들 스스로 다양한 방법으로 후원금을 모았다. 동네 청년들은 손모를 심는 논에 가서 모를 심어주고는 그 품삯을 후원하기도 했고, 면민체육대회가 열리면 문화동어린이집 후원을 위한 일일찻집을 운영하여 그 수익금을 후원하기도 했다.

아직도 큰 숙 선생님은 문화동어린이집을 계속 지켜주지 못한 것을 미안해하고 계신다. 그래서 한동안 그 동네 근처에 가지 못하셨다고 한다. 그렇게 열심히 했는데도, 못다 한 일이 마음에 남아있는 듯하다. 그때마다 난 마음속으로 이렇게 말하곤 한다. '언니, 그 누구도 언니처럼 할 수 없었어요. 그렇게 헌신적으로 말예요. 문화동어린이집을 함께 만들었던 분들은 요즘도 자랑스럽게 '꿈'을 이룬 시간들을 이야기하곤 해요. 오늘 만난 문화동어린이집 자모님도 이야기하시며 눈이 빛나기도, 눈시울이 촉촉해지기도 하더라고요. 그러면 됐지요. 한순간이라도 그렇게 '빛나던 시간'이었으면 됐지요.'

●●

마지막 졸업식

1991년은 내가 신랑과 농사를 짓는다며, 갓골어린이집을 두 번째 그만두고 집에 있던 때다. 이때 첫딸이 3살이었다. 당시 문화동어린이집 선생님은 교회 사모님이셨다. 선생님도 딸이 하나 있었는데, 우리 아이보다 2살 정도 위인 똘똘한 여자아이였다. 마침 우리 집과 문화동어린이집이 가까워, 아이를 걸어서 데려다주고 데려오곤 했다. 일을 하다 데리러 갈 시간을 놓치면, 저만치서 자그마한 선생님과 문화동어린이집 아이들이 앞서거니 뒤서거니 하며 우리 아이를 데리고 왔다. 얼마나 예쁘던지.

겨우 명맥을 유지하던 문화동어린이집은 92년 2월 제6회 졸업 및 수료식을 마지막으로 문을 닫기로 결정되었다. 아이들은 줄어들고, 선생님을 모셔오기도 어려웠다. 아쉬웠지만 현실을 받아들여야 했다. 어머니들이 모여 회의를 해서, 돈을 조금씩 걷어 선생님 선물을 사드리기로 했다. 그동안 월급도 없이 고생한 선생님을 위한 마지막 선물이었다. 푸른색 투피스를 선물로 드렸다. 그것을 입고 어머니들, 아이들과 마지막으로 점심도 먹고 마지막 사진을 찍자며 읍내에 모였다. 그렇게 푸른색 투피스를 입고 아이들과 찍은 사진이 마지막이 되었다. 겨울을 지난 초봄, 교회 건축을 하다가 사고가 났다, 목사님은 크게 다치시고 사모님은 그 자리에서 돌아가시고 말았다. 그 투피스를 무척이나 좋아했고, 아껴 입는다고 하시더니, 그날이 처음이자 마지막으로 입은 날이 될 줄이야….

그렇게 사모님이 돌아가시고, 장례를 치르는데, 문화동어린이집 개원의 주축이었던 분(지금은 오리농업 전도사로 널리 알려진 분이다.)이 그렇게 많이 우셨단다. 문화동어린이집을 알고, 사모님을 아는 사람들은 모두 울었다. 86년에 문을 연 문화동어린이집은 6년 동안 동네 아이들의 돌봄 자리, 마을의 사랑방 그리고 자랑거리였던 역할을 뒤로 하고 역사가 되었다.

문화동어린이집 교사 연보

1986년 4월 개원 ~ 1988년 2월 - 이영숙, 주병예

1988년 3월 ~ 1989년 2월 - 이영숙, 정**(미상)

1989년 3월 ~ 1991년 2월 - 김덕순

1991년 3월 ~ 1992년 2월 – 김영희 선생님(문당리 밀알교회 사모님). 이용하는 아이들이 적어지고, 교사 구하기도 힘들어 92년 2월 마지막 졸업식과 함께 폐원함.

갓골에서 온 편지

홍순명 • 설립자, 원장

최루미 선생에게

메일 잘 받았습니다. 3월 중순에 퇴임을 했다고요? 최 선생은 갓골어린이집 초기의 산증인인데, 역사를 정리한다니 반갑습니다. 그 작업은 기록의 차원도 있지만 현재를 파악하고 새로운 미래를 열기 위해 과거를 고찰하는 의미가 크다고 생각합니다. 민주화 물결을 따라 지역에 와서 가정을 이루어 마을 만들기의 기본인 어린이 교육에 전력투구한 것은 최 선생에게는 폭풍과 무지개 같은 시기였을 겁니다. 최 선생을 비롯해 초창기 여러 선생님들과 어린이집을 둘러싸고 모여든 인간상들이 엮었던 어린이집 역사는 이제는 40대에 들어선 졸업생은 물론 지역 주민들이 감사할 일이고, 특히 최 선생이 앞장을 서서 어린이집 법인화가 되어, 지역사회가 공인하는 교육기관이 되도록 노력한 것은 어린이집 발자취에 기록할 부분입니다. 최 선생도 그 시절을 돌이켜 감개무량과 보람을 느끼리라 생각합니다. 이 모든 흐름과 과정에 참가해 그 한가운데 있었던 갓골어린이집도 이제는 구성원들이 거의 모두 바뀌었습니다. 따라서 과거를 기억하고 맥과 경험과 열성과 사상을 이어가기 위한 작업이 필요한 시점이 되었습니다. 한다면 하는 최 선생이 과거를 회고하는 형식으로 기록의 일단을 남기려는 뜻이 선 것은 매우 귀한 일이라고 생각합니다. 이래에 질문한 것을 아는 대로 대답합니다.

1. 어린이집을 세워야겠다는 생각은 왜 하시게 되었나요?

지역 발전을 위하여 교육이 중요하다는 생각으로 풀무학교가 세워졌지만 지역 교육은 어린이 교육부터 대학과정까지 일관성이 있어야 한다는 것도 풀무학교 개교 후 차츰 느끼게 되었습니다. 풀무학교 교사들이 페스탈로찌 독서회를 하고, 그의 대표작인『린하르트와 길트루트』는 전교조 출신 교사들이 만든 출판사인 광개토에서 내가 출판도 하였는데, 거길 보아도 어린이 교육이 바탕이 되어 스위스 본나르 마을의 개혁에 이른 것이 실화를 바탕으로 한 주제였습니다. 또 풀무학교에 근무하던 채규철 선생의 제안으로 아더 모건의『지역사회 개발론』(원제『작은 지역사회』)를 번역한 일이 있는데 거기서도 지역사회 개발은 어린이 교육부터 시작해야 한다는 부분이 인상 깊었습니다.

풀무학교에서 송풍 소재지를 나오다 보면 포장도 안 된 길이 비라도 오면 흙탕이 되는데 어린이들이 거기서 놀면서 방치상태로 자라는 것을 보고, 어떻게든 그들이 건강한 돌봄 가운데 어린시절을 보냈으면 하는 생각을 하곤 했습니다.

2. 어린이집을 갓골에 세우게 된 이유는 무엇인가요?

갓골은 면의 중심지에서 가까워 접근성이 높은 지리적 조건도 있지만 현실적으로 집을 지으려면 토지 매입과 건물 건축을 해야 하는데, 토지는 1979년에 화란의 개신교회의 해외개발 지원단체인 ICCO(Inter-church Coordination Committee for Development)에 이미 국제적으로 신망을 얻고 있던 부산복음병원의 장기려 박사, 거창고등학교 전영창 교장이 고맙게도 풀무를 소개해주었습니다. 뜻밖에도 아시아, 아프리카, 남미에서 각기 대표 2명이 모여 해외지원 정책을 정하는 ICCO 국제 모임에 77년과 79년에 두 번 참석하였는데, 거기서 지원을 받아 이미 매입하였기 때문에, 학교에서 어린이집 건축을 위해 기부 결정을 하고 집만 지으면 해결될 상태였습니다. 위치가 면 중심지에서 가깝고 땅 문제도 순조롭게 학교에서 기부가 결정되어 갓골에 세우게 된 것이지요.

3. 어린이집 건축을 위한 재원은 어떻게 마련하였나요?

위에서 말한 것처럼 79년 화란에서 회의를 마치고 독일의, 지금은 돌아가신 무교회의 김봉규 선생 댁에 들렀는데, 선생은 가정에서 파독 간호사들과 성서모임을 하고 계셨습니다. 헤어질 때 간호사들이 유럽과 인도, 스리랑카, 동남아시아, 일본 등의 지역과 학교를 둘러보는 내 여비에 보태어 "고국이 잘 되기를 바란다"면서 성금을 모아주었습니다. 8,000원이었던 것 같습니다. 고향을 떠나 멀리 해외에 가있는 파독 간호사의 고생담을 대강 듣고 있었고 목격도 하였기 때문에, 마음속으로 절대 이 호의를 개인 여비에 쓸 수 없다고 다짐을 했습니다. 또 즉각 어린이집을 짓는 씨앗돈으로 하자는 생각이 떠올랐습니다.

귀국 후 가까운 분들에게 어린이집을 짓기 위한 계획을 갖고 있으니 협력해달라고 엽서를 써서 보냈습니다. 지금 생각하면 정말 '무대포'였지요. 그런데 잊지 못하는 것은 고려대 유희세 선생이 시골의 면지역에서 그런 동기로 어린이집을 짓는 것은 단군 이래 처음 있는 큰 사업이라면서 격려해주시고 성금을 보내주셨습니다.

그때는 기계가 없어서 터도 삽으로 파고 벽돌과 슬레이트, 마룻바닥의 사무실과 교실 그리고 화장실로 된 소박한 집을 금평 최성윤 씨, 창정 주정하 씨 등 지역 목수들이 별 설계 도면도 없이 짓는데 같이 벽돌을 나르면서 지었습니다. 그때는 실내 화장실은 지역에선 흔치 않았습니다. 처음이었을 것 같습니다. 추진위원이었던 신협의 정규채 전무는 냄새 나는 화장실을 실내에 짓는 것에 눈을 동그랗게 뜨고 반대하더니, 급한 성격에 추진위원을 탈퇴하였습니다. 얼마 지나 실내 화장실이 보급되면서, 그 이야기를 하고 함께 웃었는데, 지금은 세상을 떠나서 멋쩍어하는 모습도 볼 수 없게 되었습니다. 무대포도 결국 통하여 곡절 끝에 800만 원은 모으고, 200만 원은 부채로 안고, 81년 4월 감격스러운 첫 개원식을 하였습니다. 부채는 집사람이 계를 모아 몇 년 걸려 갚았습니다.

지금은 주차장 용지 확보를 위하여 철거하였지만, 그 자리에는 80년에 식가공 조합을 위한 건물을 지었습니다. 외지에서 온 어린이집 교사들을 위한 숙소가 필요해서 제빵 공간에 방 둘이 있는 기와 건물을 지었습니다. 그래도 설계를 하고 지은 건물이라 건축비가 본관보다 더 들어갔습니다. 건축비를 절약하려고 터 닦는 작업은 수업이 없을 때 손이 부르터 가며 곡괭이로 땅을 팠는데, 풀무학교 2층에서 보이기 때문에 동료교사들에게 미안하여 허리를 숙이고 땅을 파기도 했습니다. 이때는 모금이 어려워 화란 대사관을 통해 풀무 회화교사로 와있던 케빈 갤리거 선생과 가서 지원신청을 했습니다. 교사숙소는 한때 동네 젊은이들 대화방으로 쓰이며 청년문화를 꽃피우기도 하였습니다.

4. 교사 채용은 어떻게 하셨나요?

집은 지었으나 교사문제 해결이 시급했습니다. 또 어떤 방침으로 교육을 할지 이론도 배워야 했습니다. 마침 풀무 졸업생이고 화신리가 고향인 주민자 선생이 어린이집 경험이 있어서 초창기 교사로 왔고, 운동권으로 갓골 대안기술연구소(지금 민병성 선생 집터)에 피신 와 있던 조명수 씨의 아내 박현옥 씨가 잠깐 도왔습니다.

82년에는 위에서 말한 유희세 선생 소개로 고대를 갓 나온 진인숙 선생이 왔습니다. 성격이 차분하고 말도 조용조용히 해서 과연 뒷날 개신교 수녀원인 마리아자매단 자매들을 만나면서 종신 서원을 할 타입의 선생님이었습니다.

83년엔 풀무 출신 곽영란 선생과 같은 고향인 서산의 이석희 선생이 교사진에 합류하였고, 곽 선생은 오랫동안 갓골어린이집 자리를 지켜주며 풀무학교의 교육정신을 어린이집에 연장하려고 노력하였습니다.

84년에 어린이집과 홍동을 들썩하게 만든 이영숙, 조진숙 팀이 서울에서 참가하였습니다. 실은 갓골이 개원한 뒤, 홍동초등학교에도 병설유치원이 개설되었습니다. 그래서 갓골은 예산도, 시설도 열악한데 굳이 비인가로 민간 어린이집을 개설하느냐고, 기관장 회의 같은데 가면 별로 달갑지 않은 반응을 보였습니다. 하지만 이영숙, 조진숙 콤비가 오면서 어디다 맡기면 어린이를 더 사랑할지, 학부모의 선택이 갓골어린이집 쪽으로 기울어졌다고 모두 공감하는 것 같습니다.

최루미 선생에게서 어린이집에 얽힌 개인사를 쓰고 싶다는 메일과 질문서를 받고, 응봉면 지석리에서 남편 김동복 씨, 지선, 바위 형제와 함께 예당식품주식회사 영농법인예당식품을 운영하는 이영숙 선생에게 갓골어린이집에 오게 된 계기를 전화로 물었습니다.

"서울역 앞 빈민촌인 양동의 국내 최초 시민단체인 한벗회에서 자원봉사를 하고 있었어요. 서울시 쓰레기 매립장인 난지도에서 쓰레기를 줍는 어린이들을 위한 학교를 하고 있었는데요. 난지도에 빈민들이 모이는 것은 시골에 그런 교육시설이 없는 게 원인이니까 시골에서부터 어린이 교육을 해야 한다는 것을 깨닫게 되었어요. 난지도도 강제철거 대상이 되어 백진앙 선생과 상의를 했더니 풀무에서 어린이집을 한다니 가보라고 해서 조진숙 선생과 내려온 거예요."

두 선생의 사명이 가리키는 곳이고, 갓골에서도 기다리던 선생이었어요. 대우도 시원치 않은데 정말 헌신적으로 일하고, 시간을 쪼개서 농민들의 벼 베기를 거들고, 문화 혜택을 덜 받는 문당리에 문화동어린이집을 만드는 등의 활약을 했어요. 특유의 웃음과 명랑한 모습으로 어려운 일들을 풀어나가 주민들에게 대단한 호평을 받았습니다. 한벗회에는 백진앙 선생과 함께 채규철 선생도 관계되어 어린이집에서 잊을 수 없는 한벗(큰 친구)이 되었습니다. 최태사 선생 등 여러 어른이 어린이집을 물심양면으로 도와주신 것도 잊을 수 없습니다.

86년에 최루미 선생이 전국의 민주화 폭풍을 타고 홍동에 와서 이영숙, 조진숙 선생과 달리 가정을 이루어 아예 홍동 사람이 되었습니다. 그와 같이 농촌으로 내려온 여성들이 어린이집이라는 공간에서 농촌 총각을 만나 가정을 이루기까지 에피소드는 따로 소설을 써도 좋을 것입니다. 최루미 선생이 황소 같은 박종권 수업생과 결혼을 선언했을 때 친가에서 큰 걱정을 하다가 씩씩하게 사는 모습을 보고 마침내 승복하던 켜켜이 쌓인 이야기는 지금 생각해도 재미있습니다. 임운선, 최경이, 김경희, 한명석, 선대웅 내외 등 어린이집 초기의 레일이 깔린 뒤에 온 선생님들의 이야기는 줄이겠습니다. 넉넉지 못한 대우에도 수고했고 감사하면서 미안합니다.

개인적으로 90년부터 10년간은 고등부 교장직을 맡게 되어 어린이집에 주력할 여력이 없었습니다. 하지만 어려운 가운데서도 최루미 선생을 중심으로 개원 12년이 된 93년에 사회복지 법인 갓골어린이집으로 인가를 받고 새로운 출발을 한 것은 어린이집 역사의 한 페이지가 될 것입니다.

5. 어린이집의 교육과정은 무엇이었나요?

교육과정은 어떤 교육을 하느냐의 방법입니다. 눈에 보이는 집과는 달리 눈에 안 보이는 교육사상의 집을 짓고 그것을 실현하는 방법을 생각하고 배우면서 찾는 것이 초창기 어린이집에서 할 일이었습니다.

갓골어린이집 교육의 특수성이나 보편성을 내면화하기 위하여 우리는 공동육아나 어린이교육의 역사나 철학이 오랜 독일의 상황교육을 알아보려고 노력하였습니다. 마침 독일 전문가의 국내 연수가 있어서 참가했습니다. 그때 만난 인연으로 공윤희(광주 성공회 김경일 신부 부인), 토마스 베커(중앙대 교수), 송갑근(스위스 취리히 대학 교육학 박사) 씨 등이 갓골어린이집에 봉사하였습니다. 송갑근 씨는 뒤에 제자인 노엘 클첸 씨를 보냈는데 그는 홍성에서 태권도를 배워 태권도장을 네 곳이나 열었습니다. 그는 유럽 챔피언을 양성하고, 최근 갓골어린이집 두밀리 도서실을 짓는 기금을 모아 보내주기도 하였습니다.

상황교육은 획일적인 틀에 매인 것이 아니라 일상적으로 일어나는 상황 속에서 자율과 연대를 배우는 교육으로, 우리가 배울 내용이 많았습니다. 지금 세계적으로 관심을 끄는 초중등학교 교육의 공동학습 협력교수(協力敎授, collaborative teaching)와도 상통하며, 어린이집도 이제는 운영의 안정단계에서 나아가 연구로 들어가야 한다고 생각합니다. 국내에서는 내가 존경하는 임재택 선생의 생태 유아교육이 홍동의 생태농업과 공동체 실천을 통한 환경, 평화, 생태사상과도 흐름이 같습니다. 이미 갓골어린이집이 가입하여 상당 부분 실천하고 있어 바람직하게 생각합니다.

현장의 교육과 역사에서 도출된 갓골어린이집의 교육방향은 어린이의 개성을 존중하며, 자연과 생활과 꿈을 길러주는 책으로 공부하고, 건강한 먹을거리를 먹고, 서로 사이좋게 자라는 다문화 장애인 통합교육을 하며, 학부모, 어린이, 지역이 함께 열린 교육을 하는 것입니다. 편향된 인지교육이나 경쟁적이고 획일적인 주입교육은 지양한다는 것으로 요약할 수 있지 않을까 생각합니다.

최 선생이 영국에서 슈타인 교육 연수에 참가했으나 결국 갓골어린이집에서 해오던 교육과 상당 부분 유사하다고 한 것으로 보아, 큰 틀에서 갓골이 바른 방향을 모색해온 것이 아닌가 생각합니다.

6. 교사의 역할 및 원장의 역할은 무엇이라고 생각하시나요?

어린이집에서 풀무학교의 예를 따라 협의체를 구성하고 먼저 부딪친 문제가 이것입니다. 민주적 운영은 자칫하면 자유는 자의(恣意), 평등은 산술적 평등으로 오해하게 됩니다. 그러면 민주적 협의체는 이루어질 수 없습니다. 자유에는 책임이 따르고 평등은 각자의 역할이 정해지고 존중되면서 전체가 잘 되도록 협력을 해야 제대로 실현됩니다. 가족의 경우에도 아버지와 어머니와 자녀들의 책임과 역할이 따로 있고 서로 협력해야 좋은 가정이 이루어집니다. 아버지가 자녀를 따라 학교에 가고 공부도 같이 하는 것이 평등이 아닙니다. 산술적 평등은 능률도 안 오르고 말썽만 생깁니다.

원장의 역할은 관청 업무를 담당하고, 지역사회에 어린이집을 알리며 학부모의 협력을 구하고, 오랜 경험을 바탕으로 교사들을 격려하며 마음 편하게 일할 분위기를 만들고, 지역과 교사 등의 의견을 청취하여 어린이집이 정체성을 지킬 수 있도록 고민하며 진로를 정하는 운전대를 잡는 벅찬 역할입니다.

선생님들은 맡겨진 어린이들을 사랑으로 돌보고 건전하게 자랄 수 있게 여러모로 배려하는 역할이 있습니다. 주방에서는 건강한 급식을 준비하고 건강을 돌보는 일이 큰 임무입니다.

이러한 역할이 분담되고 존중되면 협력은 저절로 이루어집니다. 이것은 민주적 협의체 속에서 잘 이루어질 수 있습니다. 협의체가 안 되면 권위주의적이거나 피곤한 분위기가 됩니다. 그런 가운데서는 어린이들도 건강하게 자랄 수 없습니다.

7. 개원 40년이 되어가는데, 시기마다 어린이집의 역할은 무엇이었습니까?

이제 몇 해 뒤면 40년입니다. 그러므로 지난날들을 돌아보며 정체성을 확인하고 새로이 재출발하기 위한 고찰을 할 때입니다. 우선 10년 단위로 생각을 정리해보겠습니다.

① 개원 전부터 81년 개원에서 92년까지 10여 년간은 초창기였고 나는 설립자 겸 이사장으로 직접 관여했던 시기였습니다. 민주화 열기 속에서 역동적인 교사들이 어린이집에 공백 없이 참여해주신 덕분에 어린이집이 교육기관으로 지역에 자리 잡고 상황교육 등 교육의 정체성을 모색하던 시기가 아니었나 생각합니다.

② 1993년 사회복지법인 갓골어린이집이 출범하면서 최루미 원장

선도로 운영되던 2001년까지는 새로운 체제에 맞추어 어린이집이 재도약하는 법인체제 전환기라고 생각합니다. 사회적으로 공인되고 운영도 안정되었습니다. 나는 고등부 교장을 맡은 관계로 상대적으로 관심이 분산되었던 시기였지만 어린이집은 관에서 실시하는 평가 심사에 합격하고 시설도 확충되었습니다.

③ 2001년부터 2012년까지는 교육 정체성 모색기가 아닌가 생각합니다. ②의 단계에서 이미 파행적인 현행 교육의 대안으로 전교조와 대안교육이 전국에 확산되던 때였습니다. 지역교육의 기초이고 대안교육의 효시라 할 수 있는 고등부를 옆에 둔 영향으로 교사협의체를 하자는 움직임이 교사들 사이에 있었는데, 첫 시도이고 준비 부족으로 시행착오를 겪었습니다.

④ 2013년부터 40주년을 바라보는 2017년은 재건기라고 이름을 붙이고 싶습니다. 1차 협의체 좌절의 원인을 분석해 어린이집 교사, 학부모, 지역 관련자들이 새로운 관계를 맺는 민주적 운영이 필요합니다. 또한 그간 형성된 갓골어린이집 교육철학에 따라 어린이들에게 생태와 평화의 교육을 더 구체적으로 제공하여 학부모들이 사랑하고 신뢰하는 어린이집이 되기 위한 많은 토론과 고민이 있어야 하는 시기가 되어야 할 것입니다.

이 시기에 어린이집을 위한 산책로가 만들어졌습니다. 어디든 안전하게 다니며 모든 학교와 마을이 통하게 되어 어린이 교육을 위해 좋은 환경이 확충되었다고 생각합니다. 또 두밀리 자연학교의 정신을 기념하여 어린이들에게 꿈을 심어주는 도서실이 만들어진 것도 10년 뒤이 땅의 주역이 되는 미래 세대를 위한 좋은 시설로 생각합니다. 생태유아공동체 활동에도 지역 학습자원을 활용하면 더 살아있는 교육이 이루어질 것입니다.

한마디 더 보태면, 갓골에 먼저 어린이집이 생기고 나서 학교 생협 전공부와 도서관이 생겼습니다. 어린이집 40주년을 맞을 때면 갓골이 하나의 마을이 되고 큰 틀에서 지역의 뜻있는 생활문화 공간이 되었으면 합니다.

끝으로 최루미 선생이 남기는 이 회고가 어린이집의 첫 역사기록이 되고 지역 역사의 중요한 부분이 되었으면 합니다.

| 맺음말 |

2017년 봄과 함께 30년 전 기억의 서랍이 열렸다.
이 책은 그때를 '빛나는 시간'으로 기억하는 사람들이 있어 가능했다.
멀쩡해 보이는 마누라가 이상한 결정을 할 때,
닥치고 인정해준 농사꾼 신랑과
아직도 철없이 날뛰는 엄마를 사랑해주는 세 딸들에게
감사와 사랑을 보낸다.
내 생에 처음 들어보는 "글 좋아요."란 칭찬과 함께
첫 책을 만들어주신 출판사 '글을읽다'의 김예옥 선생님께
마음 모아 감사드린다.

2017년 12월
홍성에서 최루미

갓골어린이집과 함께 자란 시간들

우리 삶에 빛나던 날을 기억합니다

초판 발행 2018년 2월 28일

지은이 | 최루미

펴낸이 | 김예옥

펴낸곳 | 글을읽다

16007 경기도 의왕시 양지편로 37(2층)

등록 2005.11.10. 제138-90-47183호

전화 031)422-2215, 팩스 031)426-2225

이메일 geuleul@hanmail.net

본문 디자인 김성인

ISBN 978-89-93587-23-4 03590